A História Sensacionalista do Brasil

Leonardo Lanna
Marcelo Zorzanelli
Martha Mendonça
Nelito Fernandes

A História Sensacionalista do Brasil

MULTI SHOW

EDITORA RECORD
RIO DE JANEIRO • SÃO PAULO
2012

CIP-BRASIL. CATALOGAÇÃO NA FONTE
SINDICATO NACIONAL DOS EDITORES DE LIVROS, RJ

H58

A história sensacionalista do Brasil / Leonardo Lanna ... [et al.]. – Rio de Janeiro : Record, 2012.
il.

ISBN 978-85-01-09849-8

1. Brasil – História – Humor, sátira etc. 2. Humorismo brasileiro. I. Lanna, Leonardo.

12-5411.
CDD: 869.97
CDU: 821.134.3(81)-7

Projeto gráfico e capa: Miriam Lerner

Texto revisado segundo o novo Acordo Ortográfico da Língua Portuguesa.

EDITORA RECORD LTDA.
Rua Argentina, 171 – 20921-380 – Rio de Janeiro, RJ – Tel.: 2585-2000

Impresso no Brasil

ISBN 978-85-01-09849-8

"Quando a piada é melhor do que
a verdade, publica-se a piada."

Sumário

O descobrimento

...il de Pero Vaz de Caminha ... parar na caixa de spam do Rei ... notícia da descoberta só chega à metrópole meses depois

...uma maneira muito particular. E bota particular nisso. Não são poucos os relatos de leitores que flagraram casais fazendo *cosplay* de Adão e Eva pelas matas brasileiras.

O hábito, de gosto questionável, de descobrir as vergonhas para a prática do coito tem causado constrangimento entre as senhoras de origem portuguesa, já que suas vergonhas não ficam descobertas nunca devido à grande quantidade de pelos naquel... homens tem crescido a procura por nativas, fato que tem ca... entre as índias, pois os gajos geralmente se apresentam pel...

Um mal-entendido quase põe por água abaixo a operação de descoberta ... Brasil. A famosa carta de Pero ... de Caminha foi parar na caixa de spam de el-Rei e só foi lida ... meses após o seu envio. O Rei D. Manuel se defendeu alegando que recebe centenas de e-mails por dia entre anúncios de aumento do pênis real e ofertas do site de compra coletiva Bacalhau Urbano.

Pero Vaz de Caminha declarou que, para evitar novos problemas com [illegible] spam [illegible], se prontificou a utilizar as redes sociais para se comunicar com a Coroa. O escrivão abriu uma conta no Twitter (@caminhadentro), onde já publicou uma versão de sua famosa carta em 140 caracteres. Levou uma cara [illegible] "encontramos o lugar. aki é mó climão geral anda pelado [illegible] da ilha manero. eh nois [illegible] de vera cruz RT pls".

MOTEL CARAMURU

"Onde toda Iracema vira Paraguaçu"

OCAS COM ESPELHO NO TETO
PISTA DE DANÇA DA CHUVA
REDE ERÓTICA
[illegible] TODOS OS ESPELHOS

Coluna Social

FRAUDE

Aumentam as suspeitas de que houve fraude no concurso para escolher o novo nome da colônia. O cantor Tico Santa Cruz, autor do nome derrotado "Terra de Santa Cruz", acusa os exportadores de pau-brasil de pagarem propina aos jurados.

BOA

Um acordo entre os franceses e a ...

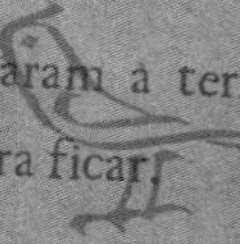

ses se afeiçoaram à terra e disseram que vieram pra ficar.

SANTO PROGRAMA

Tudo pronto para a realização da Primeira Missa no Brasil. Em fase de ajustes finais, a produção contará com nomes como Padre Marcelo Rossi, Padre Fábio de Mello e Roberto Carlos. A Rede Globo já adquiriu os direitos de transmissão ...

Portugueses tomam comunidade que era dos índios e Cabral instala a primeira UPP

Fim do sossego para os pacatos habitantes da comunidade do Novo Mundo. Com centenas de homens fortemente armados, o bonde dos portugueses invadiu as terras dos índios e rapidamente assumiu o controle da região. Os lusitanos se aproveitaram da fragilidade dos silvícolas que disputavam terras com facções rivais e colocaram os bons selvagens pra correr.

Alguns moradores reclamaram da forma truculenta com que os portugueses ocuparam a comunidade, mas infelizmente não foram ouvidos porque ninguém falava o idioma deles. Vestindo seus trajes típicos (camisa de candidato político, short Adidas e sandália Havaianas), os índios fizeram um protesto e acamparam em frente às futuras instalações do Palácio Guanabara, onde esperam ser atendidos por Cabral.

Preocupado com a má repercussão da invasão e numa tentativa de pacificar a região, Pedro Álvares Cabral decidiu instalar a primeira UPP (Unidade Portuguesa Panificadora), e nasceu assim a primeira padaria do Brasil.

Índios planejam vingança

Expulsos pelos portugueses da Comunidade da Vera Cruz (antigo Novo Mundo), os índios prometeram se vingar do "esculacho" que sofreram no fatídico 22 de abril de 1500. Os silvícolas planejam uma vingança lenta e dolorosa começando por obrigar os filhos dos brancos a se fantasiarem com seus trajes pelo menos uma vez por ano e terminando com números musicais e vendas de CDs em praças e ruas das cidades que vierem a surgir.

E-mail de Pero Vaz de Caminha vai parar na caixa de spam do Rei e notícia da descoberta só chega à metrópole meses depois

Um mal-entendido quase põe por água abaixo a operação de descoberta do Brasil. A famosa carta de Pero Vaz de Caminha foi parar na caixa de spam de el-Rei e só foi lida meses após o seu envio. O Rei D. Manuel se defendeu alegando que recebe centenas de e-mails por dia entre anúncios de aumento do pênis real e ofertas do site de compra coletiva Bacalhau Urbano.

Pero Vaz de Caminha declarou que, para evitar novos problemas com a caixa de spam do Rei, se prontificou a utilizar as redes sociais para se comunicar com a Coroa. O escrivão abriu uma conta no Twitter (@caminhadentro) onde já publicou uma versão da sua famosa carta em 140 caracteres: "levou uma cara mas encontramos o lugar. aki é mó doidera geral anda peladaum kkk climao manero. eh nóis mano abs da ilha de vera cruz RT pls."

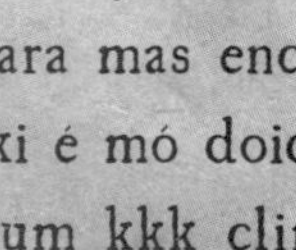

facebook

Pero Vaz de Caminha

Escrivão da Armada de Pedro Álvares Cabral. Estudou Letras na Universidade Estácio de Sá. Casado com D. Catarina Vaz. De Porto. Nasceu em 1450.

"Em se plantando, tudo dá"

apreciar ❧ meu parecer

Pedro Álvares Cabral apreciou isto

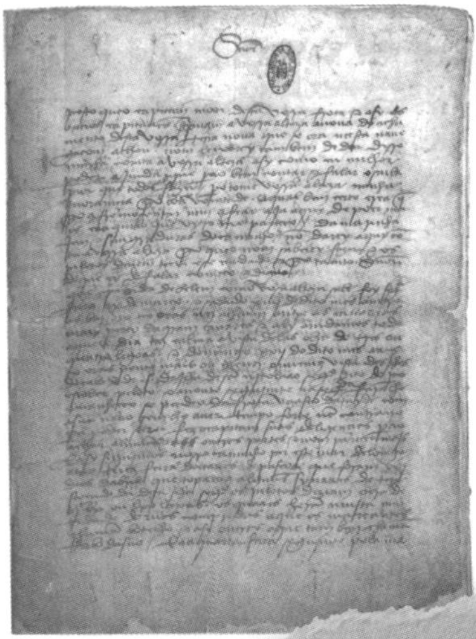

apreciar ❧ meu parecer

Rei D. Manuel apreciou isto

Amigos

- Pedro Álvares Cabral
- Rei D. Manuel
- Vasco de Ataíde
- Nicolau Coelho
- Bartolomeu Dias

ELEIÇÕES NO VICE-REINO DA ÍNDIA: VASCO DA GAMA É O VICE

Sem surpresas nas eleições para o Vice-Rei da Índia de 1524. Após carreira gloriosa como navegador, tendo sido eleito o segundo melhor navegador português de todos os tempos, o Comandante Vasco da Gama decidiu se lançar na carreira política e foi escolhido Vice. Após a confirmação da escolha, Vasco fez um sinal da cruz de malta e atribuiu sua conquista a um milagre de seu santo de devoção, São Januário. Questionado pelos jornalistas presentes sobre quais os seus projetos para o vice-reino da Índia, Vasco disse que ia esperar passar o fim de semana e que só falaria de trabalho na segunda.

TENDÊNCIA: a moda agora é namorar pelado

Por Manoel Pinto Callado

Avassaladora a forma como os costumes indígenas contagiaram os relacionamentos da colônia. Diferentemente dos costumes praticados na metrópole, aqui nos trópicos os casais se relacionam de uma maneira muito particular. E bota particular nisso. Não são poucos os relatos de leitores que flagraram casais fazendo *cosplay* de Adão e Eva pelas matas brasileiras.

O hábito, de gosto questionável, de descobrir as vergonhas para a prática do coito tem causado constrangimento entre as senhoras de origem portuguesa, já que suas vergonhas não ficam descobertas nunca devido à grande quantidade de pelos naquela região. Já entre os homens tem crescido a procura por nativas, fato que tem causado crises de riso entre as índias, pois os gajos geralmente se apresentam pelados e de tamanco.

MOTEL CARAMURU
"Onde toda Iracema vira Paraguaçu"
OCAS COM ESPELHO NO TETO
PISTA DE DANÇA DA CHUVA
REDE ERÓTICA
ACEITAMOS TODOS OS ESPELHOS

Coluna Social

FRAUDE

Aumentam as suspeitas de que houve fraude no concurso para escolher o novo nome da colônia. O cantor Tico Santa Cruz, autor do nome derrotado "Terra de Santa Cruz", acusa os exportadores de pau-brasil de pagarem propina aos jurados.

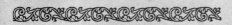

BOA

Um acordo entre os franceses e a Ambev pretende trazer para o Rio de Janeiro a França Antárctica. A prefeitura da Ilha de Villegagnon já ofereceu isenção de impostos para que o projeto seja instalado lá.

DAQUI NÃO SAIO

Depois de fumar um "cigarrinho de artista" gigante, um grupo de jovens holandeses viajou tanto que veio parar em Pernambuco. Liderados pelo playboy Maurício de Nassau, os holandeses se afeiçoaram à terra e disseram que vieram pra ficar.

SANTO PROGRAMA

Tudo pronto para a realização da Primeira Missa no Brasil. Em fase de ajustes finais, a produção contará com nomes como Padre Marcelo Rossi, Padre Fábio de Mello e Roberto Carlos. A Rede Globo já adquiriu os direitos de transmissão do evento, que na TV será exibido com o nome de "Primeira Missa em seu Lar".

MINHA CASA, MINHA VILA

Graças à verba do projeto "Minha Casa, Minha Vila", Martim Afonso de Souza conseguiu fundar as Vilas de São Vicente e Piratininga. O evento de inauguração foi marcado pelas chuvas que inundaram as imediações do Pátio do Colégio e causaram o primeiro congestionamento do Brasil.

Rapidinhas

Ossos do Santo Ofício: Está mais fácil ser índio no Brasil do que cristão-novo em Portugal.

Decisão: O clássico da rodada Tupinambás x Tupiniquins terminou com um verdadeiro massacre. Goleada dos Tupiniquins, que comemoraram a vitória em um rodízio de carne humana.

Reforma ortográfica: Tramita no Congresso um projeto de reforma do tupi-guarani. Descontente com o projeto, Padre Anchieta se exaltou e mandou os colegas tomarem no "Açu".

SOBE	DESCE
Cana-de-açúcar	Pau-brasil
Portugueses	Franceses e holandeses
América	Índias
Companhia de Jesus	Companhia do Pagode

As expedições e as capitanias hereditárias

[…]NÇAM AS REDES SOCIAIS […]EM QUE ATÉ SEIS PODEM SE DEITAR AO MESMO TEMPO

Filhos de portugueses e índios mostram que a mestiçagem pode resultar em inteligência. Dois caboclos, colegas de escola, inventaram a rede social. Dependendo do tamanho e do local em que as extremidades estão presas, é possível receber até seis pessoas deitadas. Ali, elas podem conversar, fazer piadas e cantar suas músicas preferidas.

A invenção foi recebida com alegria especialmente pelos jovens da colônia, que começaram a pedir para serem [illegible] nas redes alheias. Mas nem todos estão felizes: dois irmãos gêmeos [illegible] reclamam que são os verdadeiros inventores da rede social e prometendo entrar com um processo na Corte Portuguesa.

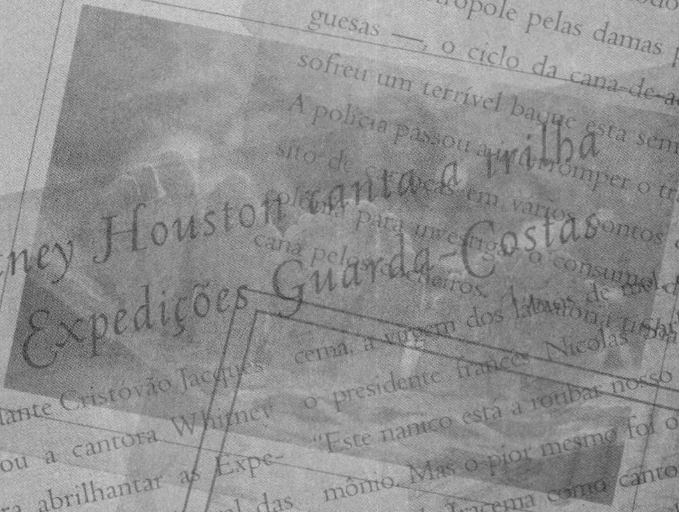

Blitz de carroças da Lei S[…] interrompe ciclo da cana

Substituto do ciclo do pau-brasil — que foi todo levado para a metrópole pelas damas portuguesas —, o ciclo da cana-de-açúcar sofreu um terrível baque esta semana. A polícia passou a interromper o trânsito de carroças em vários pontos da colônia para investigar o consumo de cana pelos cocheiros. […] ingerido volumes além […] Alguns cavalos também […] sumido cana, como foi […] pelo bafômetro equino.

A metrópole agora pre[…] uma ampla campanha pela r[…] no consumo de cana. A prin[…]dida é a proibição de índias p[…] propaganda da bebida.

[…]hitney Houston canta a trilha das Expedições Guarda-Costas

[…]mandante Cristóvão Jacques […]onvidou a cantora Whitney […]n para abrilhantar as Expedições Guarda-Costas ao litoral das terras de Portugal. Ela é a arma[…]ta contra a aliança entre indígenas e europeus que ameaça a soberania da metrópole no Brasil. O estopim foi o casamento de Iracema, a virgem dos lábios de mel, com o presidente francês Nicolas Sarkozy. "Este nanico está a roubar nosso patrimônio. Mas o pior mesmo foi o lançamento de Iracema como cantora", diz Jacques. É aí que entra o talento de Whitney. Quando ela chegar às notas mais altas de "I Will Always Love You", espera-se que todos os invasores fujam.

PMDB EXIGE MAIS CAPITANIAS HEREDITÁRIAS EM TROCA […] AO GOVERNO-GERAL

POLÊMICA NA COLÔNIA: O PAU-BRASIL É MAIOR DO QUE O PAU-PORTUGAL?

O mais novo ti-ti-ti da era dos descobrimentos é de centimetragem. A notícia de que o valoroso pau-brasil é maior, mais grosso e mais duro do que o pau-portugal causou rebuliço na metrópole. O que Pero Vaz já havia experimentado na Caminha agora está sendo conferido no Além-Mar.

As damas da corte não falam em outra coisa. "É a verdadeira terra prometida", diz a senhora Joaquina da Fonseca Bigodes, que já organiza um caravelaço feminino ao Brasil. "Além do pau-brasil, estamos muito interessadas nas mandiocas locais."

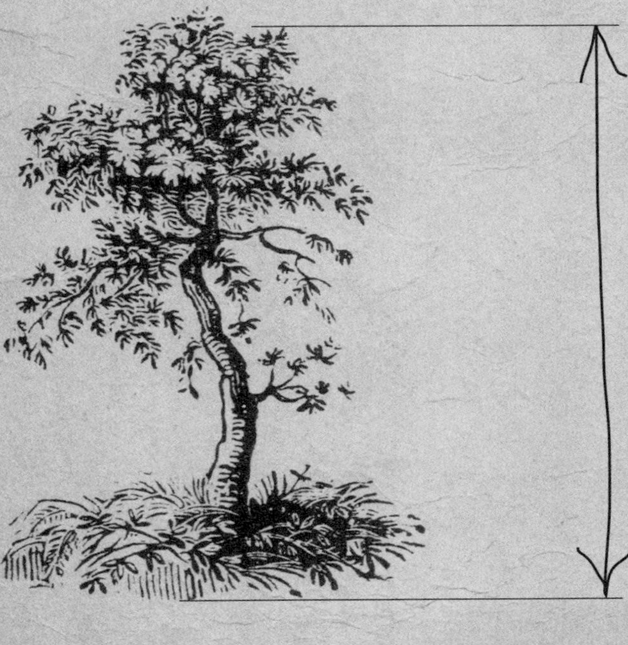

Whitney Houston canta a trilha das Expedições Guarda-Costas

O comandante Cristóvão Jacques convidou a cantora Whitney Houston para abrilhantar as Expedições Guarda-Costas ao litoral das novas terras de Portugal. Ela é a arma secreta contra a aliança entre indígenas e europeus que ameaça a soberania da metrópole no Brasil.

O estopim foi o casamento de Iracema, a virgem dos lábios de mel, com o presidente francês Nicolas Sarkozy. "Este nanico está a roubar nosso patrimônio. Mas o pior mesmo foi o lançamento de Iracema como cantora", diz Jacques. É aí que entra o talento de Whitney. Quando ela chegar às notas mais altas de "I Will Always Love You", espera-se que todos os invasores fujam.

PMDB EXIGE MAIS CAPITANIAS HEREDITÁRIAS EM TROCA DO APOIO AO GOVERNO-GERAL

O governador-geral Tomé de Souza foi à bancada do Senado ontem para reclamar da pressão do PMDB por mais capitanias hereditárias. Souza declarou-se cansado do toma lá dá cá político da colônia e prometeu banir os malfeitos da nova terra portuguesa. "Nunca antes na história desta colônia houve tamanho desmando!", afirmou.

Donos de metade das capitanias, num bloco batizado de Maranhão, os integrantes do PMDB querem, além de mais terras, as pastas de Mamatinhas Coloniais e Grandes Latifúndios das Índias.

Preso Fernãozinho d'Além-Mar, perigoso traficante português

Os altos índices de roubo de cavalos e de tráfico de ópio nas comunidades carentes da capitania hereditária do Rio de Janeiro levaram a ações especiais da polícia da colônia. Dentro de carroças de segurança máxima, conhecidas como Caveirões, os policiais conseguiram prender o traficante Fernãozinho d'Além-Mar, líder da bandidagem.

Português de nascimento, Fernãozinho deixou a metrópole aos 17 anos e se instalou no Rio de Janeiro, acompanhando uma dama que o sustentava. Dono de um Q.I. acima da média, ao chegar à colônia revoltou-se com as piadas de português contadas pelos brasileiros. Foi quando começou a roubar — primeiro as piadas, repetindo-as como se fossem suas, mas trocando os personagens portugueses por brasileiros. Como viu que não dava certo, inventou as anedotas de brasileiros ladrões. Anos depois, naturalizou-se brasileiro e começou a roubar de verdade, ampliando seus crimes.

Clássico São Vicente X Pernambuco termina em pancadaria no Engenhão de Cana-de-Açúcar

Era para ter sido uma noite histórica. Mas o esperado clássico entre as capitanias hereditárias mais prósperas da colônia terminou em violência. O jogo transcorria bem até a metade do segundo tempo, quando um gol do centroavante pernambucano Tupinambá foi anulado pelo juiz. O árbitro argumentou que ele havia chutado além da linha do Tratado de Tordesilhas, o que não é permitido.

Tupinambá afirmou que deu o chute a 0,75 grau antes da linha do Tratado e que o juiz estava na diagonal do lance, prejudicando sua visão da jogada. A discussão provocou empurrões entre os jogadores, terminando com a torcida invadindo o gramado do Engenhão de Cana-de-Açúcar. A polícia da metrópole prendeu 54 pessoas. Metade já foi enforcada.

Blitz de carroças da Lei Seca interrompe ciclo da cana

Substituto do ciclo do pau-brasil — que foi todo levado para a metrópole pelas damas portuguesas —, o ciclo da cana-de-açúcar sofreu um terrível baque esta semana. A polícia passou a interromper o trânsito de carroças em vários pontos da colônia para investigar o consumo de cana pelos cocheiros. A maioria tinha ingerido volumes além do permitido. Alguns cavalos também haviam consumido cana, como foi confirmado pelo bafômetro equino.

A metrópole agora pretende fazer uma ampla campanha pela moderação no consumo de cana. A primeira medida é a proibição de índias peladas na propaganda da bebida.

Salvador é fundada como primeira capital da colônia em 1549 e a festa só termina em 1950

Os colonos baianos estão cantando e pulando desde que Salvador foi fundada como primeira capital da colônia portuguesa nas Américas. A festa é comandada por cantoras de axé transportadas pela cidade em cima de grandes carroças, entoando hinos indígenas como "aê-aê-aê-aê-ê-ê-ê-ê-ô-ô-ô-ô-ô" e "arerê, um lobby, um hobby, um love com você".

Ministro da Cultura da colônia, Gilberto Gil deu seu parecer sobre a escolha de Salvador como primeira capital: "Salvador é um símbolo iconoclasta telúrico das naturezas universais. Sendo assim, essa escolha pontua a imensidão da mistura eclética brasileira enquanto pseudonação futura das culturas globalizadas inerentes ao povo purpurinado realçado do que aqui foi criado."

Lançado Brasil Colônia nas fragrâncias Jasmin, Almíscar e Lavanda

Numa tarde de elegância e charme, o estilista português Manoel Paneleiro lançou sua linha de perfumes no Copacabana Taba, no Rio de Janeiro. Na lista de novas fragrâncias, Jasmin, Almíscar e Lavanda. "O lançamento é importante para estas terras, especialmente para a população indígena, que tem muito ce-cê", afirmou Paneleiro. O sucesso do lançamento foi enorme: a bicha dava a volta no quarteirão.

Morte por varíola é a novidade entre os índios

Depois da dança do créu, do cabelo platinado e da camiseta de campanha política, a novidade entre a população indígena é a morte por varíola. A doença, que não existia entre eles e foi contraída do homem branco, virou a coqueluche entre tupis e guaranis. "É muito bom herdar coisas novas de um povo tão desenvolvido", disse o Cacique Iarnuô.

O sucesso da morte por varíola, que já dizimou duas tribos próximas à capital, fez com que os índios invadissem os povoados em busca do *Orthopoxvirus.* Muitos invadem as casas dos brancos e lambem seus copos e talheres usados. Os mais entusiasmados agarram e beijam as pessoas na rua. O mascate Inocêncio Pinto se empolgou com o assédio de uma jovem índia, mas teve o coração partido. "Ela me trocou por um velho português moribundo. É mesmo uma Maria-Bexiga", disse.

Entrevista

Duarte Coelho, donatário: "A antropofagia veio para ficar"

Donatário da capitania hereditária de Pernambuco, uma das únicas que deu certo, e fundador da cidade de Olinda, Duarte Coelho é pioneiro também na experimentação dos costumes locais da colônia portuguesa. Na última quinta-feira, depois de escravizar sete indígenas, comer um peru assado inteiro e arrotar na frente de seus convidados para o jantar, Coelho falou ao *Sensacionalista*:

Como estão os negócios?

Bem. A cana tem prosperado depois que implantamos o serviço de mensageiros para avisar da blitz das carroças. Escravizamos pelo menos dez indígenas por semana e matamos mais de vinte. Mas meu faturamento principal vem do aluguel de bonecos gigantes do carnaval de Olinda para as festas portuguesas.

Sua família gosta do Brasil?

Naturalmente que não, visto que é um lugar de índios ignorantes, gente mal-educada e vizinhos que ouvem funk aos berros. Estamos obrigando os nossos funcionários a ouvir fado todas as noites.

E qual o resultado?

Três cometeram suicídio, mas ainda não sabemos por quê.

Há alguma coisa de interessante na cultura indígena?

Sim. A antropofagia. Eu tinha muito preconceito, mas numa expedição em que ficamos sem comida, fui obrigado a comer o fígado de um índio que nos acompanhava e apreciei muitíssimo. Hoje não passo um dia sequer sem comer ao menos um dedão de pé.

Caboclos lançam as redes sociais em que até seis podem se deitar ao mesmo tempo

Filhos de portugueses e índios mostram que a mestiçagem pode resultar em inteligência. Dois caboclos, colegas de escola, inventaram a rede social. Dependendo do tamanho e do local em que as extremidades estão presas, é possível receber até seis pessoas deitadas. Ali, elas podem conversar, fazer piadas e cantar suas músicas preferidas.

A invenção foi recebida com alegria especialmente pelos jovens da colônia, que começaram a pedir para ser adicionados nas redes alheias. Mas nem todos estão felizes: dois irmãos gêmeos da escola garantem que são os verdadeiros inventores da rede social e prometem entrar com um processo na Corte Portuguesa.

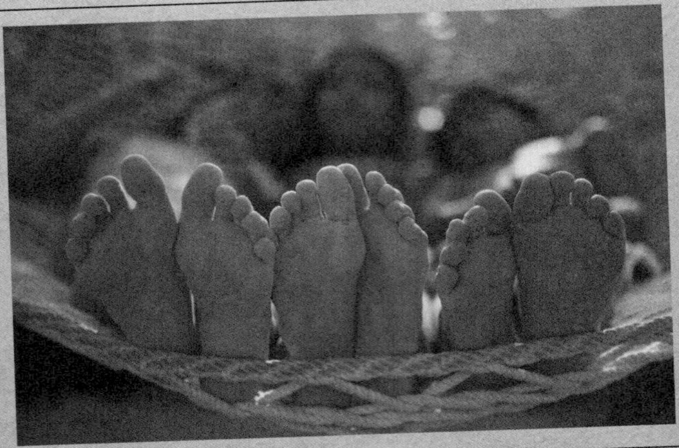

VIDA ESCRAVA E MOVIMENTOS DE INDEPENDÊNCIA

COLUNA SOCIAL

Drogas do sertão

Em uma região da periferia da Floresta Amazônica acontece livremente, em plena luz do dia, o tráfico e consumo de drogas do sertão, como baunilha, canela, guaraná, urucum e cravo. A região foi apelidada de Cravolândia.

Politicamente correto

Por determinação do Imperador, a partir de agora o famoso escultor Antônio Francisco Lisboa deve ser chamado de Portador de Necessidades Especiais.

Sapinho do pau-oco

Preso em flagrante na cidade de Mariana, um traficante de ouro negou as acusações. O meliante ganhou uma promoção do Silvio Santos…

…riu receber o prêmio em ouro, que vale mais do que dinheiro.

Total Flex

Fornecedores de escravos já estão disponibilizando no mercado os novos modelos bicombustível recém-chegados da África. Além da tradicional açoitada, estes novos modelos também são movidos a agressão verbal. Mais econômicos e menos poluentes.

Quinto dos infernos

O governo já anunciou que pretende reajustar a alíquota do imposto cobrado sobre a produção de ouro. De 20% a taxa passaria para 25%. Já que o quinto foi feito para fo%*&der com os mineradores, nada mais justo do que aquele ali pra…

ENTREVISTA

JOAQUIM JOSÉ DA SILVA XAVIER, dentista e cover oficial de Jesus Cristo

Nossa equipe viajou até Vila Rica para conhecer o homem que está deixando o Império de cabelo em pé. Vestindo trajes simples e usando uma longa barba e longos cabelos, Tiradentes (como é conhecido na cidade) nos recebeu para um bate-papo em sua casa.

Como você prefere ser chamado? Tiradentes ou Joaquim José da Silva Xavier?

Pode me chamar de Zé.

Conta pra gente, Zé. Como você tá lidando com essa fama repentina?

É diferente, né? A gente sai na rua e já é abordado por alguém pedindo um autógrafo ou pra arrancar um dente.

E como é essa coisa de ter que assu-…

…pensaram, vamos pegar o… Cristo. (risos)

E quais os seus projetos para o futuro?

Estou estudando algumas propostas aí, mas a princípio quero meu nome em algumas escolas, cidades e praças.

Capital terá festival … Barroco em …

O Rio de Janeiro, que foi recentemente elevado à condição de capital da colônia, vai receber um festival de música com a presença de vários artistas nacionais e internacionais. Entre as atrações estão nomes como Antônio José da Silva, Francisco Antônio de…

…Mundo os artistas … são Ant… Johann Se… Sob o comando … Niemeyer e A… as obras na Cidade … Barroco estão bem ad… Os ingressos já estão à venda na única agência do Banco do …

CONTRATAÇÃO AFRICANA É ESPERANÇA DE TÍTULO NO FUTEBOL: DUPLA CASAGRANDE E SENZALA É A SENSAÇÃO DO CAMPEONATO

Senzala, natural de Angola, é a grande revelação do ano. Ainda menino, em seu país, o atacante já dava indícios de que seria um craque. Senzala apanhou muito, por causa do seu porte franzino, mas provou seu valor dentro de campo com dribles desconcertantes e uma velocidade fenomenal. Antes de vir para o Brasil, passou por clubes como Guiné, Cabo Verde e Moçambique. Senzala veio para o Brasil pra jogar ao lado do ídolo Casagrande. Com seu porte europeu e um elegante estilo de jogo, Casagrande tem maltratado a defesa adversária. Muito acertada a contratação de Senzala, e mais acertada ainda a decisão do técnico Gilberto Freyre de colocá-lo como titular ao lado de Casagrande.

DENÚNCIA:

POLÍCIA DIZ TER EVIDÊNCIAS DE TRABALHO ASSALARIADO EM ENGENHO DE SÃO PAULO

Uma denúncia chocou a sociedade brasileira na última semana. De acordo com reportagem da revista *OraPois*, um engenho em São Paulo estaria utilizando mão de obra assalariada em sua produção açucareira. Diversas famílias estavam sendo pagas, em espécie, para trabalhar na colheita, na moagem e na produção de açúcar e derivados. O flagrante só foi possível graças a uma operação da Polícia Federal chamada "Rapadura é doce, mas não é mole não". O diretor da operação declarou que as famílias de trabalhadores viviam em situação de conforto e dignidade, algo inaceitável para os padrões do século XVIII. As famílias já estão sendo reassentadas em outros engenhos de trabalho escravo.

PROÁLCOOL NA COLÔNIA REVOLUCIONA O TRANSPORTE URBANO

CHEGARAM AO BRASIL OS PRIMEIROS MODELOS DE CARRUAGENS MOVIDAS A ÁLCOOL DE CANA-DE-AÇÚCAR. INVENTADAS PELO ENGENHEIRO FRANCÊS ALLAN BIC, AS CARRUAGENS A ÁLCOOL FUNCIONAM DE MANEIRA SIMPLES: BASTA DAR UM LITRO DE CACHAÇA PARA O CONDUTOR QUE ELE RODA O DIA INTEIRO.

Capital terá festival de música: vem aí o Barroco em Rio

O Rio de Janeiro, que foi recentemente elevado à condição de capital da colônia, vai receber um festival de música com a presença de vários artistas nacionais e internacionais. Entre as atrações estão nomes como Antônio José “o judeu” da Silva, Francisco Antônio de Almeida e muitos outros. No Palco Mundo os artistas mais esperados são Antonio Vivaldi e Johann Sebastian Bach. Sob o comando de Oscar Niemeyer e Aleijadinho, as obras na Cidade do Barroco estão bem adiantadas. Os ingressos já estão à venda na única agência do Banco do Brasil.

COLUNA SOCIAL

Drogas do sertão

Em uma região da periferia da Floresta Amazônica acontece livremente, em plena luz do dia, o tráfico e consumo de drogas do sertão, como baunilha, canela, guaraná, urucum e cravo. A região foi apelidada de Cravolândia.

Politicamente correto

Por determinação do Imperador, a partir de agora o famoso escultor de Ouro Preto Antônio Francisco Lisboa deverá ser chamado de Portadorzinho de Necessidades Especiais.

Santinho do pau-oco

Preso em flagrante na cidade de Mariana, um traficante de ouro negou as acusações. O meliante alegou que ganhou uma promoção do Silvio Santos e que preferiu receber o prêmio em ouro, que vale mais do que dinheiro.

Total Flex

Fornecedores de escravos já estão disponibilizando no mercado os novos modelos bicombustível recém-chegados da África. Além da já tradicional açoitada, estes novos modelos também são movidos a agressão verbal. Mais econômicos e menos poluentes.

Quinto dos infernos

O governo já anunciou que pretende reajustar a alíquota do imposto cobrado sobre a produção de ouro. De 20% a taxa passaria para 25%. Já que o quinto foi feito para fo%*&der com os mineradores, nada mais justo do que passar para um quarto.

Antibullying

Zumbi dos Palmares estrelará uma campanha contra o bullying na colônia. Em um depoimento emocionado, Zumbi vai declarar que sofreu muito por causa de suas nádegas avantajadas e que toda hora ouvia alguém dizer "quilombo".

UFC Rio

Está confirmada para o próximo mês a realização do 132° UFC (Ultimate Fight Capoeira) no Rio de Janeiro. Um octógono será montado no Largo do Paço. A premiação é uma carta de alforria para o vencedor.

Como vai seu intestino?

A atriz Patrycia Travassos foi convidada pelo governo para estrelar uma campanha de divulgação da Lei do Ventre Livre.

Sargento de milícias

O relatório final da CPI das Milícias do deputado Marcelo Freixo traz severas acusações ao Sargento Leonardo. Segundo o relatório, Leonardo estaria ligado às Milícias que dominam a comunidade do Morro do Castelo.

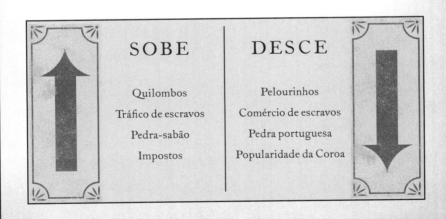

SOBE	DESCE
Quilombos	Pelourinhos
Tráfico de escravos	Comércio de escravos
Pedra-sabão	Pedra portuguesa
Impostos	Popularidade da Coroa

JOAQUIM JOSÉ DA SILVA XAVIER, dentista e cover oficial de Jesus Cristo

Nossa equipe viajou até Vila Rica para conhecer o homem que está deixando o Império de cabelo em pé. Vestindo trajes simples e usando uma longa barba e longos cabelos, Tiradentes (como é conhecido na cidade) nos recebeu para um bate-papo em sua casa.

Como você prefere ser chamado? Tiradentes ou Joaquim José da Silva Xavier?
Pode me chamar de Zé.

Conta pra gente, Zé. Como você tá lidando com essa fama repentina?
É diferente, né? A gente sai na rua e já é abordado por alguém pedindo um autógrafo ou pra arrancar um dente.

E como é essa coisa de ter que assumir sozinho essa responsabilidade aí desse descontentamento com a Coroa Portuguesa?
Eles viram a barba e os cabelos compridos e pensaram, vamos pegar aquele ali pra Cristo. (risos)

E quais os seus projetos para o futuro?
Estou estudando algumas propostas aí, mas a princípio quero meu nome em algumas escolas, cidades e praças.

E pro próximo feriado, algum plano?
Tô pensando em enforcar.

Chegada da Família Real e Primeiro Império

CESSAM AS BUSCAS PE
DE DOM PEDRO I, QU
PERDIDA NO RIO D

Não há mais chances de que a virgindade do Príncipe Dom Pedro I seja encontrada, informou hoje a polícia militar do Rio de Janeiro. A virgindade do jovem monarca teria sido vista pela última vez nas vizinhanças do Morro do Macaco Rei, próximo à Praça XV de Novembro. Segundo testemunhas, a virgindade de Dom Pedro já dava sinais de que gostaria de abandonar o Príncipe. Este, que se mostrou muito afeito à companhia das

mulatas
do cachaç
taberna e
teria, entã
acompanha
Quando saiu
ta da virgin
Rio de Janeiro
confiável para
valor", escreveu
mília Real portu
ramos resolver is
cinco anos."

TURA DOS PORTOS
A A PROFISSÃO
FLANELINHA DE
MBARCAÇÕES

EXCLUSIVO

dade do povo
o não tem li-
moda agora
aneiro após a
ra dos Portos,
as, caravelas,
s. Os profis-
nome porque
om a qual as-
ficar dentro
gripados
cionam-se,
e à embar-
manobre.
o até que
sua ajuda
l correto.
ões, mas

gente não dá, eles arranham o casco e quebram as carrancas de um navio", disse um capitão que pediu para não se identificar.

O governo português já tomou uma providência: mandou drenar a baía de Guanabara e jogar a água numa nova lagoa, cujo nome homenageará o oficial de cavalaria Rodrigo de Freitas.

"Como os navios não poderão chegar ao Rio, vamos matar os flanelinhas de fome. Depois de um ano, voltamos com a água para lá", disse Joaquim Pereira da Silva Xavier Machado, responsável pela obra.

CONSEGUIMOS O BILHETE QUE DOM JOÃO DEIXOU PARA NAPOLEÃO

"Estou escondido e não vou deixar a Família Real ... Rio de Janeiro, Brasil, fevereiro de ...
Dom João Maria José Francisco Xavier de Paula Luís António ... Rafael de Bragança"

CHEGA AO FIM O CASAMENTO CARLOTA JOAQUINA E CHICO BUA

Não há mais chances de conciliação entre Dona Carlota Joaquina e o menestrel e poeta Chico Buarque. O casal ... hoje, um documento ... "Já troquei de parede ... assinou ... que era logo ... por ali ... ao casamento de trinta anos ... Carlota, após terminar ... de um filme ... si própria, soube que o poeta havia ...

sido flagrado banhando
de uma mulher casada
Botafogo. Um retratista
fez uma pintura do
situação constra
O retrato demorou 16 hor
o que causou gran
suas ... e na mulher.

MORADORES DESPEJADOS ... RECLAMAM NO PROGRAMA DO CELSO RUSSOMANNO
ASSOCIAÇÃO DE ... REAL ... PELA FAMÍLIA ...

Foi tensa — e diante das câmeras — a primeira reunião entre a Associação de Moradores do Rio de Janeiro (AMRJ) e o representante da Família Real Portuguesa, o Príncipe Dom Pedro. A Família Real tomou posse de diversas casas na orla do Rio, colocando os moradores no olho da rua. Nos estúdios da TV Regência o ex-deputado Celso Russomanno comandou um debate que durou mais de ... pessoal vem para ...

... fazer do Brasil o ... que começar ... precisamos nesta ... mundo ... gravações ... lugares, disse ... interpretava para ... sem cornar ... conceito, o ... despejo ... morador ... em Chico ... pelo menos visitado ... poderiam ... ex-casas ocupadas. "Só o jardim", respondeu Dom Pedro. O ex-deputado ... feito e terminou ... se deu por satisfeito ... com o bordão: "Estando bom para ambas as partes, Celso Russomanno ..."

A HISTÓRIA Sensacionalista DO BRASIL

Dom João e Carlota Joaquina chegam à Ilha de Caras

O casal Dom João de Bragança (40) e Dona Carlota Joaquina de Bourbon (41) desembarcou hoje na Ilha de Caras sob clima de muita badalação. As gargalhadas de Dona Carlota logo contagiaram os escravos, que a carregaram nas costas. "Estou mais introspectiva neste ano", disse Dona Carlota, que fez novo mapa astral com o profeta Nostradamus. "Estou numa fase de me cuidar mais, acho que estou apaixonada por mim", completou. Ainda no porto, Dom João deu entrevista dizendo que esperava conhecer a culinária da Ilha. "Comida de caravela é aquela tragédia, não é?", comentou o monarca, rindo. Profundo conhecedor das formas de preparo de frango frito, Dom João disse que a viagem à Ilha de Caras faz parte de um projeto de boa forma iniciado em Portugal: "Estou correndo do Napoleão. É a minha atividade aeróbica", provocou.

DESEMBARQUE D'EL REI DOM JOÃO VI.
ACOMPANHADO POR UMA DEPUTAÇÃO DAS CORTES,
Na Magnifica Praça do Terreiro do Paço em 4 de Julho d'1821 regressando do Brazil

DONA MARIA, A LOUCA, FALA TUDO AO SENSACIONALISTA: "AHBHIIIIWHAGAJHAHAGAGA-GAGA! PUUUUUUUUFFFT!"

Normalmente avessa a entrevistas, a Rainha de Portugal, Dona Maria, a Louca, recebeu o *Sensacionalista* em sua nova casa no Rio de Janeiro. Usando um par de sandálias Havaianas compradas no free shop, Dona Maria vestia um lençol branco e uma coroa feita com penas de galinha.

Como Vossa Majestade está encarando essa mudança para o Brasil?
Vosmecê poderia, por obséquio, passar o sal?

Mas não estamos à mesa, Vossa Majestade...
O sal da terra!

Não tem terra aqui...
Ande logo! Preciso contar quantos grãos de sal há no saleiro. Quem pediu foi o João.

Seu filho, o Príncipe Regente Dom João?
João-de-barro, o passarinho. Não o compositor, que afinal só nascerá em 1907.

Vossa Majestade gostaria de deixar um recado aos súditos brasileiros?
Anote direitinho: Ahbhiiiiwhagajhahagagagaga! Puuuuuuuuffft!

Foi um prazer conversar com Vossa Majestade.
Em quanto ficou o Fla x Flu?

Vossa Majestade, o futebol ainda não foi inventado.
Não há de quê. Me desculpe, porque agora vou ver a novela nova do Gil Vicente, *Auto da Barca Jumbo Cat*.

EXCLUSIVO

CONSEGUIMOS O BILHETE QUE DOM JOÃO DEIXOU PARA NAPOLEÃO

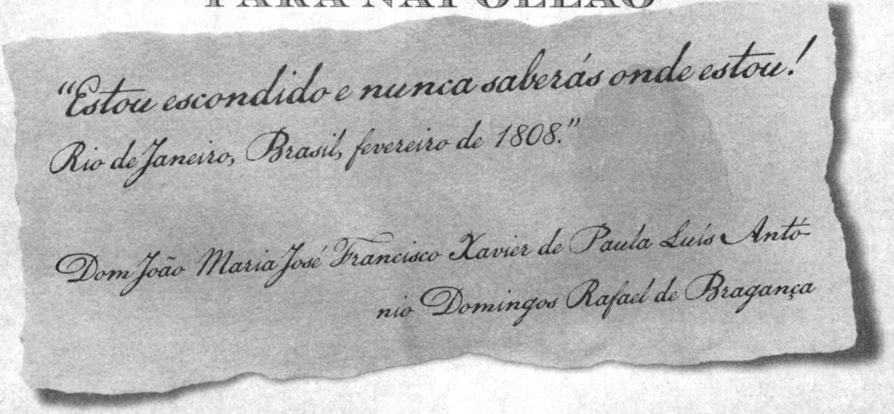

ASSOCIAÇÃO DE MORADORES DESPEJADOS PELA FAMÍLIA REAL RECLAMA NO PROGRAMA DO CELSO RUSSOMANNO

Foi tensa — e diante das câmeras — a primeira reunião entre a Associação de Moradores do Rio de Janeiro (AMRJ) e o representante da Família Real Portuguesa, o Príncipe Dom Pedro. A Família Real tomou posse de diversas casas na orla do Rio, colocando os moradores no olho da rua. Nos estúdios da TV Regência, o ex-deputado Celso Russomanno comandou um debate que durou mais de duas horas. "Esse pessoal vem para cá, faz a maior bagunça e tira a gente de casa. É um absurdo", disse Marco Aurélio Souto, presidente da AMRJ.

"Já troquei o papel de parede da casa em que estou, que era horrível. Vamos fazer do Brasil o melhor país do mundo. Precisamos começar de algum lugar", disse Dom Pedro. Russomanno, para contornar, perguntou se os moradores despejados poderiam pelo menos visitar suas ex-casas ocupadas. "Só o jardim", respondeu Dom Pedro. O ex-deputado se deu por satisfeito e terminou com o bordão: "Estando bom para ambas as partes, Celso Russomanno, 'Aqui, Ontem'."

ABERTURA DOS PORTOS CRIA A PROFISSÃO DE FLANELINHA DE EMBARCAÇÕES

A criatividade do povo brasileiro não tem limites. A moda agora no porto do Rio de Janeiro, após a Carta Régia e a Abertura dos Portos, é o flanelinha de fragatas, caravelas, naus, brigues e escunas. Os profissionais ganharam este nome porque carregam uma flanela com a qual assoam o nariz — de tanto ficar dentro d'água, eles estão sempre gripados.

Os flanelinhas posicionam-se, na água, bem em frente à embarcação, impedindo que ela manobre. Eles gritam com o capitão até que este concorde em aceitar sua ajuda para colocar a nave no local correto. "Eles depois pedem dobrões, mas sempre acham que é pouco. Se a gente não dá, eles arranham o casco e quebram as carrancas, é um inferno", disse um capitão que preferiu não se identificar.

O governo português já tomou uma providência: mandou drenar a baía de Guanabara e jogar a água numa nova lagoa, cujo nome homenageará o oficial de cavalaria Rodrigo de Freitas. "Como os navios não poderão chegar ao Rio, vamos matar os flanelinhas de fome. Depois de um ano, voltamos com a água para lá", disse Joaquim Pereira da Silva Xavier Machado, responsável pela obra.

CESSAM AS BUSCAS PELA VIRGINDADE DE DOM PEDRO I, QUE TERIA SIDO PERDIDA NO RIO DE JANEIRO

Não há mais chances de que a virgindade do Príncipe Dom Pedro I seja encontrada, informou hoje a polícia militar do Rio de Janeiro. A virgindade do jovem monarca teria sido vista pela última vez nas vizinhanças do Morro do Macaco Reso, próximo à Praça XV de Novembro. Segundo testemunhas, a virgindade de Dom Pedro já dava sinais de que gostaria de abandonar o Príncipe. Este, que se mostrou muito afeito à companhia das mulatas brasileiras, foi visto tomando cachaça com limão e mel em uma taberna entre cortiços. Dom Pedro teria, então, entrado num barraco acompanhado de uma das moças. Quando saiu, horas depois, deu falta da virgindade. "Infelizmente, o Rio de Janeiro ainda não é um lugar confiável para andar com posses de valor", escreveu a assessoria da Família Real portuguesa. "Mas esperamos resolver isso em no máximo cinco anos."

CHEGA AO FIM O CASAMENTO DE CARLOTA JOAQUINA E CHICO BUARQUE

Não há mais chances de conciliação entre Dona Carlota Joaquina e o menestrel e poeta Chico Buarque. O casal assinou, hoje, um documento que pôs fim ao casamento de trinta anos. Dona Carlota, após terminar as gravações de um filme em que interpretava a si própria, soube que o poeta havia sido flagrado banhando-se ao lado de uma mulher casada na praia de Botafogo. Um retratista que estava por ali fez uma pintura do Sr. Buarque nesta situação constrangedora. O retrato demorou 16 horas para ser feito, o que causou grande cansaço em Chico e na mulher.

BRASILEIROS INDIGNADOS COM GOVERNO PORTUGUÊS DECIDEM FUNDAR SEU PRÓPRIO PAÍS, O RIO GRANDE DO SUL

Um grupo de brasileiros indignados com a presença da Família Real portuguesa na capital da colônia decidiu, hoje, abandonar a cidade e fundar um novo país nos pampas do Sul do Brasil. O novo país se chamaria Rio Grande do Sul. "O de vocês é só 'de Janeiro'. O nosso vai ser muito melhor porque é 'grande'", disse Matias Schürmman, líder dos revoltosos. A maioria dos integrantes do movimento é de origem europeia e pretende manter tradições como a sauna unissex de porta trancada e chupar a bomba da pessoa ao lado.

INDEPENDÊNCIA É ATRASADA POR MAIS DE DUAS HORAS PORQUE DOM PEDRO I ESTAVA INDECISO QUANTO AO QUE GRITAR

Mesmo ensaiando bastante, Dom Pedro I teve o que se chama nos teatros ingleses de "stage fright", ou medo de palco. O regente hesitou por quase duas horas, sobre seu cavalo, revirando papéis em que havia anotado algumas frases. Para declarar a Independência, Dom Pedro I testou mais de vinte gritos, entre eles: "Ou vai ou racha!", "Arrá, urrú, o Ipiranga é nosso!", "Tá dominado, tá tudo dominado!", "Não ponham o Tarcisão para me interpretar" e "Banzai!". O pintor Pedro Américo, autor do quadro mais famoso sobre a declaração da Independência, ainda não havia nascido e por isso não estava presente no momento.

TROPAS BRASILEIRAS ENCURRALAM EXÉRCITO PORTUGUÊS DENTRO DE PADARIA, DE ONDE ELES PROMETEM NUNCA MAIS SAIR

É grave o último desenrolar da Guerra da Independência. Tropas enviadas por Portugal para conter a fundação do Império do Brasil foram encurraladas por simpatizantes de Dom Pedro I dentro de uma padaria no centro do Rio de Janeiro. Os portugueses, assustados, prometeram nunca mais sair de lá. "Ora pois, aqui dentro temos tudo de que precisamos. Tem de pão até cartão de recarga de celular. Não vamos mais sair", disse Manoel Silveira Pinheiro, capitão do regimento que ocupa a padaria. O Exército brasileiro disse que planeja enfraquecer os portugueses abrindo várias "penduras" e prometendo pagar no dia 30 de fevereiro. "Já abrimos cem contas. Daqui a pouco eles vão nos vender tudo fiado e morrer de fome lá dentro", disse Fernão de Sá, sargento do Exército.

Imperatriz Leopoldina leva nota 6 no quesito Comissão de Frente e Lombo e perde carnaval para a Marquesa de Santos

A Imperatriz Leopoldina surpreendeu-se hoje durante a leitura dos resultados do Carnaval de Libertinagem do Imperador Dom Pedro I. No quesito Comissão de Frente e Lombo, a Imperatriz levou nota 6. Este resultado a fez perder o lugar para a Marquesa de Santos, que passará a morar numa garçonnière na Quinta da Boa Vista. Indignada, a Imperatriz disse que irá à Europa fazer algumas cirurgias plásticas. "Vou colocar dez quilates de silicone em cada mama", disse Leopoldina. "Vamos ver o que essa biscate vai fazer depois disso."

O SEGUNDO IMPÉRIO

QUEDA DE PREÇO: AGRICULTORES PLANTAM CAFÉ MAS LEVAM UM PEPINO

PARAGUAI VENDE UÍSQUE FAL[illegible] E É INVADIDO PELO BRA[illegible]

Pela primeira vez na história, brasileiros e argentinos estiveram juntos numa batalha, além dos uruguaios. A chamada Tríplice Aliança invade o Paraguai ontem. O conflito começou depois que o Paraguai vendeu uísque falsificado ao Brasil. Vários membros da corte relataram dor de cabeça e piriri logo depois de consumir caixas do uísque Johnnie Walker. Desconfiado, um barão resolveu checar o rótulo do uísque e viu que, na verdade, ele se chamava Jolie Walker, uma falsificação quase perfeita. "Só percebi porque a bengala do [illegible] falsificado. Não que e[illegible] no tamanho da bengal[illegible] bem", disse o nobre. A modelo Larissa Ri[illegible] tempo todo na beira do c[illegible] lha com os peitos de fora [illegible] se o Paraguai vencer a guer[illegible] nua. Imediatamente, vários brasileiros se renderam. O Brasil enviou 150 mil sol[illegible] Paraguai e acabou perdendo 100 m[illegible] aproveitaram a viagem ao Paragua[illegible] comprar muamba e viraram camelô[illegible]

DOM PEDRO II

Pedro de Alcântara João Carlos Leopoldo Salvador Bibiano Francisco Xavier de Paula Leocádio Miguel Gabriel Rafael

CAFÉ BRASILEIRO FAZ SUCESSO NA CORTE

ESCÂNDALO NAS REVISTAS DE FOFOCA:

tudo sobre o divórcio entre o Brasil e o Rio Grande do Sul

Que o casamento não ia bem todo mundo na corte já sabia. Mas, é oficial: o Rio Grande do Sul se separa do Brasil. Os dois [illegible] revolta começou depois que dois gaúchos foram [illegible] por uma colunista [illegible] suas roupas, chamadas [illegible] os estilistas, muito machões [illegible] um movimento [illegible] que ficou conhecido como A Guerra dos Farrapos. Para evitar a separação iminente, Dom Pedro II nomeou o general Duque de Caxias em missão de paz. Caxias, que ganhou esse apelido por ser muito estudioso, [illegible] convencer os gaúchos [illegible]

PEDRO II DIZ QUE NÃO USA O TWITTER PORQUE COM 140 CARACTERES NÃO CONSEGUE NEM ESCREVER SEU NOME COMPLETO

ISAAC KARABTCHEVSKY ANUNCIA O FIM DA REGÊNCIA

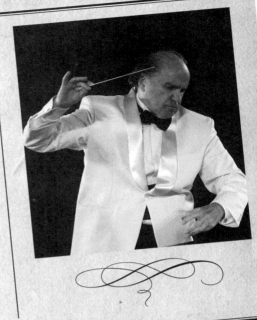

Cansado da mídia, que jamais conseguiu escrever seu nome corretamente, o maestro Isaac Karabthcesjahdfaoatchim anunciou hoje que não vai mais reger. Karabinoski afirma que é frustrante passar tanto tempo com um pauzinho na mão e, ainda assim, não ter o seu trabalho reconhecido.

Karibchunvski disse também que está pretendendo mudar de nome para acabar com essa confusão. Ele quer passar a ser chamado apenas de Ichvankvessen Shucpnivksy. "É um nome muito mais fácil", disse ele.

PARAGUAI VENDE UÍSQUE FALSIFICADO E É INVADIDO PELO BRASIL

Pela primeira vez na história, brasileiros e argentinos estiveram juntos numa batalha, além dos uruguaios. A chamada tríplice aliança invadiu o Paraguai ontem. O conflito começou depois que o Paraguai vendeu uísque falsificado ao Brasil.

Vários membros da corte relataram dor de cabeça e piriri logo depois de consumir caixas do uísque Johnnie Walker. Desconfiado, um barão resolveu checar o rótulo do uísque e viu que, na verdade, ele se chamava Jolie Walker. "É uma falsificação quase perfeita. Só percebi porque a bengala do Johnnie é menor no falsificado. Não que eu fique reparando no tamanho da bengala dos outros, veja bem", disse o nobre.

A modelo Larissa Riquelme ficou o tempo todo na beira do campo de batalha com os peitos de fora. Ela disse que se o Paraguai vencer a guerra vai posar nua. Imediatamente, vários soldados brasileiros se renderam.

O Brasil enviou 150 mil soldados ao Paraguai e acabou perdendo 100 mil. Eles aproveitaram a viagem ao Paraguai para comprar muamba e viraram camelôs.

ESCÂNDALO NAS REVISTAS DE FOFOCA:
tudo sobre o divórcio entre o Brasil e o Rio Grande do Sul

Que o casamento não ia bem todo mundo na corte já sabia. Mas, agora, é oficial: o Rio Grande do Sul quer mesmo se separar do Brasil. Os dois vinham se desentendendo há meses.

A revolta começou depois que dois estilistas gaúchos ficaram revoltados com a crítica a suas roupas, chamadas de "farrapos" por uma colunista. Inconformados, os estilistas, muito machões, iniciaram um movimento separatista que ficou conhecido como A Guerra dos Farrapos.

Para evitar a separação iminente, Dom Pedro II nomeou o general Duque de Caxias em missão de paz.

Caxias, que ganhou esse apelido por ser muito estudioso, conseguiu convencer os gaúchos a permanecerem com o Brasil. O argumento foi inteligente: a outra alternativa seria se unir à Argentina.

Depois de passar toda a infância no armário, Dom Pedro II finalmente assume

Pedro II assumiu ontem oficialmente o cargo de Imperador, no lugar de seu pai, Dom Pedro I, neto de Dom Pedro 0 e bisneto de Dom Pedro -1. Dom Pedro II já poderia ter assumido antes, mas era muito pequeno quando o pai morreu e por isso só agora sentou no trono.

Durante o período da regência, Pedro II se escondeu da mídia. Rumores indicam que sua ausência tinha dois objetivos: evitar que sua figura ofuscasse o regente e esconder do público o fato de que Pedro II foi portador de uma estranha doença genética. Desde bebê ele já portava uma frondosa barba branca. Nas rodas da nobreza, o assunto era comentado com discrição. "Perceba que ninguém nunca viu um quadro de Dom Pedro II criança", disse um tal Barão Vermelho, mais conhecido como Frejat.

PEDRO II DIZ QUE NÃO USA O TWITTER PORQUE COM 140 CARACTERES NÃO CONSEGUE NEM ESCREVER SEU NOME COMPLETO

Perfil DOM PEDRO II

Pedro de Alcântara João Carlos Leopoldo Salvador Bibiano Francisco Xavier de Paula Leocádio Miguel Gabriel Rafael Gonzaga Cristino tinha um problema: não conseguia lembrar seu nome de jeito nenhum. Segundo governante brasileiro da linhagem dos políticos barbudos, que recentemente teve Lula como representante, ele tinha um forte talento para o futebol: foi Imperador antes mesmo de Adriano. Também tinha forte ligação com as artes. Sua mãe, a Imperatriz Leopoldinense, era uma escola de samba. Com 15 anos de idade, Pedrinho ainda se divertia sendo personagem de Monteiro Lobato. Desde criança, Pedro II tinha um Dom.

Pedro II assumiu o cargo quando seu pai, Pedro I, renunciou à Coroa e resolveu pegar uma menina mais nova. Governou o país até 1840, quando deixou o cargo e abriu um colégio no Rio de Janeiro, que funciona até hoje.

ONDA DE NASCIMENTO DE BEBÊS NEGROS FILHOS DE PAIS BRANCOS FAZ PORTUGAL PROIBIR A MACUMBA NO BRASIL: "ISSO É RESULTADO DA FEITIÇARIA DOS ESCRAVOS"

Uma onda de nascimento de bebês negros, filhos de pais brancos, fez Portugal tomar uma medida extrema. A partir de agora estão proibidas as concessões para sessões de macumba no país.

A gota d'água foi o nascimento do pequeno Joaquim. Filho do Conde Fernando Sampaio, branco, e de sua mulher, Maria, Joaquim nasceu completamente negro. O pai do menino disse que viu quando um escravo entrou no quarto de sua mulher para fazer o feitiço. "Eles pensam que me enganam, mas vi quando um negão enorme entrou lá à noite e fez meu filho ficar preto."

QUEDA DE PREÇO: AGRICULTORES PLANTAM CAFÉ MAS LEVAM UM PEPINO

A queda de preço do café no mercado internacional está provocando mutações no campo. O senhor do engenho Manoel da Silva Silveira levou um susto logo após a colheita. Em vez de grãos de café, ele viu que estava na verdade levando um grande nabo.

O baixo valor do café não é o único problema enfrentado pelos cafeicultores. Como o café deixa o solo pobre, em pouco tempo o agricultor tem de mudar sua plantação de lugar. "Mas como é que eu vou carregar essa terra toda nas costas?", perguntou Manoel.

CAFÉ BRASILEIRO FAZ SUCESSO NA CORTE

Motumbo de Assis, o Café, é a nova sensação na Corte Portuguesa. Com 19 anos, o escravo tem sido muito requisitado pelas senhoras para serviços internos.

IMPÉRIO CAI

GRÊMIO RECREATIVO ESCOLA DE SAMBA UNIDOS DA REPÚBLICA ENTRA PARA O GRUPO ESPECIAL

UMA NOVA REPÚBLICA E A ERA VARGAS

SALÁRIO MÍNIMO NASCE ABAIXO DO PESO E PERMANECE EM UTI NEONATAL

REVELADO: MONTEIRO LOBATO É PAI DE EMILINHA

Coluna Social

vistos ontem no show de Vicente Celestino.

de chance de medalha de ouro.

NASCE A CLT: CORRUPÇÃO TOTALMENTE LIBERADA

Rádio Nacional já tem 975.467.981 seguidores

A Rádio Nacional está se aproximando da marca de um milhão de seguidores no Twitter. O seguidor de número um milhão ganhará uma cueca usada de Cauby Peixoto.

Noel Rosa cheia

O bairro de Vila Isabel está revoltado com seu compositor-mor. Noel Rosa está

Getúlio Vargas nega *affair* com Virginia Lane: "Eu

WASHINGTON LUÍS: "O CRACK DE 29 É SÓ UMA MAROLINHA"

O presidente da República Washington Luís declarou ontem à imprensa que não está preocupado com a quebra da Bolsa de Valores de Nova York. Ele afirmou que o Brasil está preparado para lidar com a crise internacional, porque "Deus é brasileiro". Apesar de ser homônimo da capital americana, o presidente Washington não aprecia os valores daquele país. Nos últimos dias, tem dito a amigos que quer mudar seu nome para Riodejaneirisson.

A REPÚBLICA DO CAFÉ COM LEITE EXIGE PÃO COM MANTEIGA

Os rebeldes da Paraíba e do Rio Grande do Sul se uniram contra a política do café com leite, que só elegia presidentes paulistas ou mineiros, e exigiram pão com manteiga para o povo brasileiro. Grupos de Minas Gerais aderiram à revolta e levaram o pão de queijo.

Com o golpe de Estado, terminou a República Velha e foi deposto Washington Luís. Os conservadores tentaram a renovação, com plástica e botox, mas a adesão do Doutor Ivo Pitanguy ao grupo rebelde destruiu os planos da situação. O Brasil ganha um novo presidente, Getúlio Vargas, homônimo da avenida do Centro do Rio.

COLUNA SOCIAL

República Velha sobre o Estado Novo: "Estamos só nos conhecendo"

As revistas de celebridades não falam em outra coisa: a República Velha está de caso com o Estado Novo, 15 anos mais jovem. Os dois foram vistos ontem no show de Vicente Celestino.

Coluna Prestes precisa de cirurgia

Uma hérnia de disco está comprometendo as ações da Coluna Prestes. Paralisada há duas semanas, deverá ser operada por um cirurgião russo.

Noel Rosa compra casa na Vila Sésamo

O bairro de Vila Isabel está revoltado com seu compositor-mor. Noel Rosa está usando o lucro com seu novo disco para comprar uma mansão na Vila Sésamo, nos Estados Unidos.

Footing é esporte?

Um grupo da alta sociedade carioca está trabalhando para que o footing seja incluído nas competições das Olimpíadas de 1932. As jovens casadoiras brasileiras têm grande chance de medalha de ouro.

Rádio Nacional já tem 975.467.981 seguidores

A Rádio Nacional está se aproximando da marca de um milhão de seguidores no Twitter. O seguidor de número um milhão ganhará uma cueca usada de Cauby Peixoto.

Caso do presidente

Getúlio Vargas nega *affair* com Virginia Lane: "Eu fumei, mas não traguei."

MENINO VIDENTE PREVÊ QUE DINHEIRO DOS BRASILEIROS FICARÁ PRESO NO BANCO DAQUI A SEIS DÉCADAS — E É DESACREDITADO

Luizinho Reis das Neves, conhecido como o Menino Vidente da Rua Matacavalos, teve novas visões. Segundo o garoto — que, antes da eleição de Getúlio, acertou que o novo presidente seria quase anão —, no ano de 1990 boa parte do dinheiro dos brasileiros não poderá ser retirado do banco por proibição do próprio governo.

A previsão foi recebida com gargalhadas pelas pessoas presentes à sessão da quinta-feira, dia em que o menino-vidente costuma receber o público. Desacreditado, ele teve a casa apedrejada. No muro, foi pichada a palavra charlatão. A população carioca está revoltada. "Esse guri está pensando que somos idiotas", disse Agenor de Oliveira, presidente da Associação de Moradores do Centro.

A mãe de Luizinho, Maria das Graças das Neves, diz que o menino não tem ido à escola com medo de ser agredido. Mas, em casa, continua a fazer previsões. Numa delas, diz que depois de uma ditadura de 25 anos, um presidente brasileiro muito querido vai ficar doente no dia de sua posse, morrer, e, em seu lugar, assumirá seu vice, que sempre apoiou a ditadura. "Olha, até eu estou achando que meu filho tá ficando doido. Ontem, antes de dormir, ele me disse também que um dia um operário vai ser presidente do Brasil. Pode?", diz Maria das Graças.

VARGAS, EM 1939: "O BRASIL VAI ENTRAR NO EIXO"

Ninguém sabe se o presidente Getúlio Vargas estava falando da economia brasileira ou da Segunda Guerra Mundial, em seu pronunciamento no Congresso. "O Brasil vai entrar no Eixo", declarou, deixando os deputados progressistas preocupados com a extrema admiração do presidente por Hitler e Mussolini.

Vargas reclamou do púlpito muito alto, que o deixava quase escondido durante seu discurso. Antes, perguntou se não havia nenhum banquinho na casa para que ele ficasse mais alto. Diante da negativa, disse aos assessores mais próximos que já tem um bom motivo para fechar o Congresso.

"O Brasil vai entrar no Eixo", declarou Vargas

ENTREVISTA

CAUBY PEIXOTO: "ESTOU GRÁVIDA! GRÁVIDA DE LUÍS CARLOS PRESTES!"

Ídolo de dez entre dez mocinhas brasileiras, o cantor Cauby Peixoto transformou-se em símbolo sexual da noite para o dia, graças a sua voz grave e aveludada. Criado pela mãe, pela avó e por duas tias solteiras num casarão de Niterói, ele diz que dedica seu sucesso ao pedreiro que frequentava sua casa na infância.

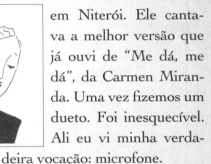

Qual o segredo do seu sucesso?
Meu corpo. Sou mais do que apenas uma vozinha bonita.

Quem são as suas referências na música?
Mamãe, vovó e um pedreiro que fazia reparos na nossa casa, em Niterói. Ele cantava a melhor versão que já ouvi de "Me dá, me dá", da Carmen Miranda. Uma vez fizemos um dueto. Foi inesquecível. Ali eu vi minha verdadeira vocação: microfone.

Quais são seus próximos projetos?
Fui convidado para fazer um filme sobre a história de Luís Carlos Prestes, o Cavaleiro da Esperança.

Mas vocês não se parecem.
Claro que não! Eu farei Olga, seu grande amor. Já estou treinando para a cena em que grito: estou grávida, grávida de Luís Carlos Prestes!

SALÁRIO MÍNIMO NASCE ABAIXO DO PESO E PERMANECE EM UTI NEONATAL

Nasceu às 7h12 de ontem na maternidade do Hospital Getúlio Vargas o salário mínimo. Muito esperado pelo povo brasileiro, ele teve complicações no nascimento e foi dado à luz muito abaixo do peso.

Um rígido esquema de segurança foi formado no andar da UTI Neonatal do hospital, para evitar que alguns empresários inescrupulosos invadam o local para desligar as máquinas. Grupos de trabalhadores fazem vigília na porta da instituição, orando pela vida do salário mínimo.

De acordo com os médicos que atendem o recém-nascido, ele deverá ficar cerca de um século na incubadora, até conseguir ficar mais forte.

NASCE A CLT: CORRUPÇÃO TOTALMENTE LIBERADA

Depois de anunciar as novas regras para o trabalhador, o presidente Getúlio Vargas declarou ontem livres as ações de corrupção no Brasil. Através da CLT, os políticos têm direito à propina mínima, carteira cheia de dinheiro, jornada de trabalho de cinco minutos e organização sindical dos lavadores de dinheiro.

"Espero que as novas medidas se perpetuem além da minha existência", disse Vargas. Presentes ao anúncio das novas medidas estavam as famílias Roriz, Maluf e Garotinho.

GUERRA DE FÃS DE EMILINHA E DE MARLENE DEIXA 17 MORTOS E 55 FERIDOS

O Centro do Rio amanheceu com cadáveres e sangue nesta segunda-feira. Os fã-clubes das cantoras Emilinha e Marlene tiveram um violento confronto na noite passada, em frente ao prédio da Rádio Nacional. As forças armadas foram convocadas para pacificar a briga, mas terminaram tomando partido, já que Emilinha é a "Favorita da Marinha" e Marlene, a "Favorita da Aeronáutica".

O Exército chegou para pôr fim à guerra, mas os soldados, fãs de Dalva de Oliveira, terminaram aderindo à batalha, que passou a ter três lados. Ao fim de seis horas de guerra, foram os primeiros a pedir a paz, entoando o maior clássico de Dalva, "Bandeira branca".

REVELADO: MONTEIRO LOBATO É PAI DE EMILINHA

Os rumores já duravam alguns meses, mas foi só na noite de ontem que o escritor Monteiro Lobato convocou a imprensa para revelar que, sim, é o verdadeiro pai de Emilinha Borba. Lobato disse ainda que o nome da boneca de pano foi escolhido em homenagem à filha, até então bastarda. Ele também batizou o Visconde de Sabugosa em referência a ela, mas de forma indireta: "Primeiro pensei em batizar o personagem de Emílio, mas ficaria muito repetitivo. Então tive a ideia de fazer um "E-milho", que virou o sabugo", explicou.

VARGAS EM 1951:
"VOCÊS VÃO TER QUE ME ENGOLIR!"

Essa nem o menino Luizinho da Matacavalos previu: depois de ser deposto em 1943, o ditador Getúlio Vargas chegou à presidência de novo, desta vez pelo voto popular. O novo presidente aproveitou a boa fase para fazer algumas exigências: quer todos os dias vinte toalhas brancas em seu gabinete, lençóis de mil fios de puro algodão egípcio com seu monograma bordado no quarto presidencial e um segurança negão.

GETÚLIO VARGAS FARÁ EXAME DE DNA PARA PROVAR QUE É PAI DOS POBRES

Na próxima segunda-feira, às 8h, o presidente Getúlio Vargas estará num laboratório de Botafogo para fazer um exame de DNA. Ele quer provar ao povo brasileiro que é realmente o Pai dos Pobres. Apesar de ter ganho este título e criado várias leis trabalhistas, a oposição vem negando que as intenções de Vargas sejam positivas. Daí o presidente ter optado pelo exame.

O medo do presidente é que o material colhido seja usado pelas dançarinas do Cassino da Urca para provar outras paternidades. Para isso, levou junto com ele o chefe de sua guarda pessoal, Gregório Fortunato, conhecido como Anjo Afrodescendente.

** * * * * Moda * * * * **

Getúlio Vargas veste dez pijamas matadores

Acusado de trocar de Constituição como quem troca de roupa, Gegê, como é chamado pelos íntimos, fez um belíssimo editorial de moda para a revista *O Cruzeiro*, vestindo seus pijamas preferidos. Na primeira página dupla, aparece com um traje retrô azul-petróleo em cetim, apenas com dois botões — uma criação de Yves Saint-Laurent feita especialmente para o presidente brasileiro.

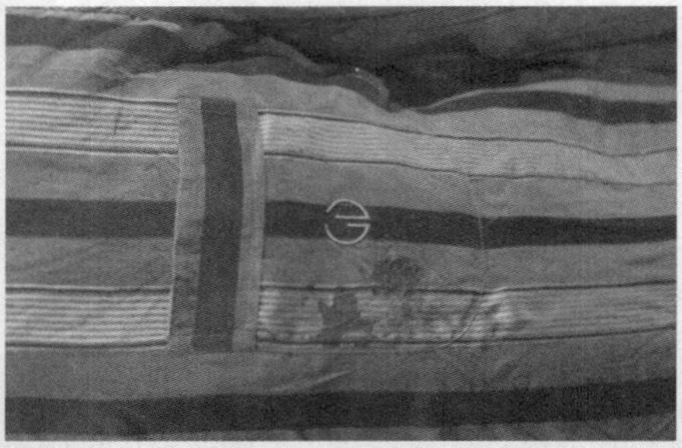

As duas últimas páginas mostram um pôster de Gegê vestindo um modelo clássico listrado de marrom, bege e branco, com seu monograma bordado no bolso esquerdo, lado do coração. Segundo o texto de apresentação, é o preferido do presidente. "Adoro! Eu poderia morrer com este!", afirma Getúlio.

Juscelino Kubitschek e os Anos Dourados

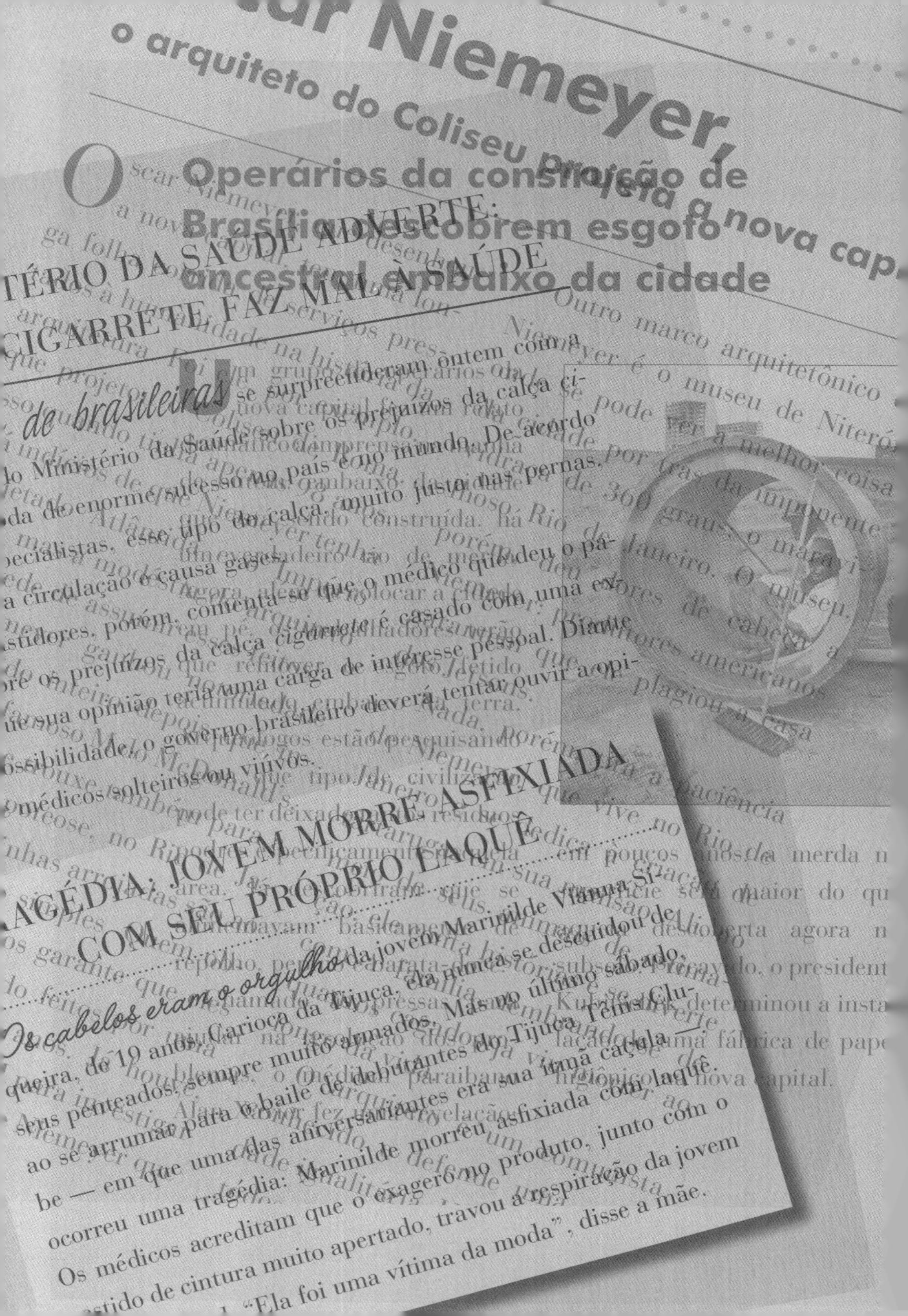

Niemeyer,
o arquiteto do Coliseu projeta a nova cap
Operários da construção de Brasília descobrem esgoto ancestral embaixo da cidade
TÉRIO DA SAÚDE ADVERTE:
CIGARRETE FAZ MAL À SAÚDE
de brasileiras se surpreenderam ontem com a
do Ministério da Saúde sobre os prejuízos da calça ci-
da de enorme sucesso no país e no mundo. De acordo
pecialistas, esse tipo de calça, muito justa nas pernas,
a circulação e causa gases.
stidores, porém, comenta-se que o médico que deu o pare os prejuízos da calça cigarrete é casado com uma ex-
ue sua opinião teria uma carga de interesse pessoal. Diante
ssibilidade, o governo brasileiro deverá tentar ouvir a opi-
médicos solteiros ou viúvos.
Outro marco arquitetônico
Niemeyer é o museu de Niterói
TRAGÉDIA: JOVEM MORRE ASFIXIADA
COM SEU PRÓPRIO LAQUÊ
Os cabelos eram o orgulho da jovem Marinilde Vianna Siqueira, de 19 anos, Carioca da Tijuca. Ela nunca se descuidou de
seus penteados, sempre muito armados. Mas no último sábado,
ao se arrumar para o baile de debutantes do Tijuca Tênis Clube — em que uma das aniversariantes era sua irmã caçula —
ocorreu uma tragédia: Marinilde morreu asfixiada com laquê.
Os médicos acreditam que o exagero no produto, junto com o
estido de cintura muito apertado, travou a respiração da jovem
"Ela foi uma vítima da moda", disse a mãe.

JK PROMETE 50 ANOS EM 5 DÉCADAS

Agora vai! O novo presidente do Brasil, Juscelino Kubitschek, prometeu que vai revigorar a economia, acelerar o crescimento do país e, aproveitando que o povo é excelente em matemática, recuperar 50 anos em 5 décadas. "A economia vai crescer", afirmou em seu discurso de posse, deixando a dúvida: quem vai crescer é o Brasil ou é a população que vai ter que cortar os gastos?

O novo presidente apresentou outras medidas de primeira hora: a troca do hino nacional brasileiro para "Peixe vivo", sua canção preferida e nome do site popular de compras coletivas que ele pretende lançar em breve; e um curso para o povo aprender a escrever seu nome corretamente.

Dustin Hoffman é garoto-propaganda do Fusca

O ator americano Dustin Hoffman foi escolhido para fazer o reclame do carro da Volkswagen que agora será fabricado no Brasil. A ideia é mostrar que o carro é pequeno, mas pode ser grande. "É ao contrário do Brasil: é grande, mas é pequeno", dizia o ator na primeira versão do comercial — rapidamente proibida pelo governo.

As cores do Fusca causam polêmica. Além do cor-de-rosa e do azul-claro, também está previsto o lançamento nas cores verde-perereca e marrom-diarreia.

O nome Fusca nasceu da dificuldade dos brasileiros em pronunciar Volkswagen, nome alemão. Pensaram em outros nomes, como chucrute e salsichão, mas não foram aprovados pelo Ministério da Saúde.

Operários da construção de Brasília descobrem esgoto ancestral embaixo da cidade

Um grupo de operários da nova capital fez um relato dramático à imprensa na manhã de ontem: embaixo da cidade que está sendo construída, há um verdadeiro rio de merda. Agora, além de colocar a cidade em pé, os trabalhadores terão que remover o esgoto fétido acumulado embaixo da terra. Arqueólogos estão pesquisando agora que tipo de civilização pode ter deixado tantos resíduos podres especificamente naquela área. Já descobriram que se alimentavam basicamente de repolho, pepino e batata-doce.

Chamado às pressas para ajudar na resolução dos problemas, o médium paraibano Alan Xavier fez uma revelação: em poucos anos, a merda na superfície será maior do que aquela descoberta agora no subsolo. Precavido, o presidente Kubitschek determinou a instalação de uma fábrica de papel higiênico na nova capital.

Oscar Niemeyer,

o arquiteto do Coliseu projeta a nova capital

Oscar Niemeyer, que desenhou a nova capital, tem uma longa folha corrida de serviços prestados à humanidade na história da arquitetura. Foi ele, por exemplo, que projetou o Coliseu de Roma. Isso quando tinha apenas 98 anos. Há indícios de que Niemeyer tenha projetado Atlântida e o Império Inca, mas a modéstia do arquiteto o impede de assumir esses feitos.

Niemeyer ganhou notoriedade no mundo inteiro depois que inventou o famoso M do McDonald's, projeto que trouxe também para a Praça da Apoteose, no Rio de Janeiro. Suas linhas arrojadas são ao mesmo tempo simples. Quem observa seus traços garante que eles poderiam ter sido feitos por uma criança de cinco anos. Já houve, inclusive, uma CPI para investigar se é um dos netos de Niemeyer que faz os desenhos.

Outro marco arquitetônico de Niemeyer é o museu de Niterói, onde se pode ver a melhor coisa da cidade por trás da imponente vidraça de 360 graus: o maravilhoso Rio de Janeiro. O museu, porém, deu dores de cabeça a Niemeyer: produtores americanos garantem que ele plagiou a casa dos Jetsons.

Nada, porém, tira a paciência de Niemeyer, que vive no Rio de Janeiro e se dedica à criação de tartarugas em sua mansão. Ali, no meio de seus animais de estimação, ele conta histórias e se diverte com a família, lembrando-se de quantos cágados já viu morrer ao longo da vida.

O arquiteto é um comunista conhecido e defende uma sociedade igualitária. Um mundo onde todos são iguais, inclusive todos os prédios.

Governo proíbe palavras "mar", "sol", "sal" e "coisa" nas canções da Bossa Nova

Disposto a diversificar o uso da língua portuguesa, o Ministério da Educação baixou uma norma proibindo o uso das palavras "mar", "sol", "sal" e "coisa" nas composições da Bossa Nova. O governo acredita que a repetição das palavras em canções do movimento musical de maior sucesso na atualidade pode empobrecer a cultura brasileira.

Os autores das canções se manifestaram contra a resolução, que consideram um atentado à liberdade de expressão. Eles prometem um ato de repúdio no próximo domingo, na praia de Ipanema, a partir do meio-dia, cada manifestante sentado em sua cadeira, tomando cerveja e mentalizando fortemente pelo fim da censura.

Copa de 58: tamanho do talento de Garrincha e Pelé enlouquece as suecas

A estada dos jogadores da Seleção Brasileira na Suécia para a Copa do Mundo causou alvoroço entre a população feminina local. Multidões de louras de olhos azuis se aglomeraram nos portões da concentração do escrete canarinho para conhecer os craques, em especial Pelé e Garrincha, donos de talento jamais visto naquele país, segundo elas.

Embora ainda não tenha sido confirmado pela assessoria de imprensa da seleção, já há rumores de que a primeira artilharia da competição começou com o Brasil em alta: só na primeira semana de Copa, Pelé e Garrincha teriam engravidado 12 suecas.

O Pequeno Príncipe: "Passei o rodo nas misses"

Tamanho não é documento. A prova é que o Pequeno Príncipe é o preferido de todas as misses brasileiras. Depois de ser visto com várias beldades, sem nunca assumir namoro com nenhuma delas, ele confessa que está conhecendo todas melhor.

Como você se sente sendo o livro de cabeceira de toda as misses?

Pra mim é uma surpresa.

Surpresa?

É, pra mim elas nem sabiam ler. Mas pra mim não importa. Já tracei várias delas com esse papinho filosófico. Incrível como a mulherada não resiste a isso.

Algumas pessoas não entendem bem o que quer dizer "Tu és eternamente responsável por tudo aquilo que cativas"...

Uma vez uma miss me disse que tinha entendido que era para cuidar bem de seu animal de estimação. Porque se ela mantinha o bichinho em cativeiro, ela era responsável por ele. Eu desisti de explicar, sabe?

E quais os seus planos para o futuro?

Vou reunir a minha coletânea de frases e espero ser reconhecido como o primeiro personagem de autoajuda do mundo. Também pretendo ir ao Rio de Janeiro e voar de asa-delta. Para não ser incomodado, eu vou usar minhas iniciais apenas, Pepê.

Deixe uma mensagem final para nossos leitores.

Amar não é olhar um para o outro. É olhar os dois na mesma direção, porque pode ser que venha um caminhão desenfreado e vocês dois babacas se olhando nem vejam.

PÚBLICO PEDE DINHEIRO DE VOLTA DEPOIS DOS SHOWS DE JOÃO GILBERTO E NARA LEÃO: NINGUÉM OUVE O QUE ELES CANTAM

Os donos das casas de espetáculo do país estão enfrentando um problema que pode levá-los a ter grandes prejuízos. Boa parte das pessoas que assistem aos shows de João Gilberto e Nara Leão, dois dos maiores ícones da Bossa Nova, está pedindo o dinheiro de volta. Eles alegam que não conseguem escutar a voz dos cantores. Os empresários estão tentando explicar ao público que este novo estilo de música é assim mesmo, mas muita gente não consegue compreender.

Outra confusão é o número de pais que levam seus filhos pequenos aos shows de João Gilberto e Nara Leão. Por causa das canções "O pato", "O barquinho" e "Lobo bobo", eles pensam que se trata de um espetáculo infantil.

MINISTÉRIO DA SAÚDE ADVERTE: CALÇA CIGARRETE FAZ MAL À SAÚDE

Milhares de brasileiras se surpreenderam ontem com a declaração do Ministério da Saúde sobre os prejuízos da calça *cigarrete*, moda de enorme sucesso no país e no mundo. De acordo com os especialistas, esse tipo de calça, muito justa nas pernas, prejudica a circulação e causa gases.

Nos bastidores, porém, comenta-se que o médico que deu o parecer sobre os prejuízos da calça *cigarrete* é casado com uma ex-miss e que sua opinião teria uma carga de interesse pessoal. Diante desta possibilidade, o governo brasileiro deverá tentar ouvir a opinião de médicos solteiros ou viúvos.

TRAGÉDIA: JOVEM MORRE ASFIXIADA COM SEU PRÓPRIO LAQUÊ

Os cabelos eram o orgulho da jovem Marinilde Vianna Siqueira, de 19 anos. Carioca da Tijuca, ela nunca se descuidou de seus penteados, sempre muito armados. Mas no último sábado, ao se arrumar para o baile de debutantes do Tijuca Tênis Clube — em que uma das aniversariantes era sua irmã caçula —, ocorreu uma tragédia: Marinilde morreu asfixiada com laquê. Os médicos acreditam que o exagero no produto, junto com o vestido de cintura muito apertado, travou a respiração da jovem de forma fatal. "Ela foi uma vítima da moda", disse a mãe.

DENÚNCIA: GALÃ DE RADIONOVELA É BAIXINHO E CARECA

Muitos gritos de revolta e lágrimas de decepção marcaram a festa de encerramento da radionovela *Paixões à sombra do vale*, um dos maiores sucessos de audiência da Rádio Nacional. O motivo foi a apresentação pública do ator Reynaldo Leroy, que vivia o protagonista Armandinho Figueiroa. Dono de uma voz grave e sedutora, ele povoava as fantasias das ouvintes — que, na porta do hotel em que aconteceu o evento, se depararam com um homem baixinho, careca e acima do peso.

"Fomos enganadas. Vamos entrar na Justiça", afirmou Lucia Praxedes, presidente do fã-clube de Armandinho Figueiroa. Leroy só saiu do hotel cercado por dez seguranças. Por precaução, a atriz principal da radionovela, Lena Brito, saiu pela porta dos fundos. Sua personagem, Valquíria Vianna, apelidada de Sílfide do Bairro Peixoto na trama, tem menos 15 anos e vinte quilos do que ela.

OS ANOS DE CHUMBO

Latina, inclusive no Brasil. Graças a uma que se tem notícia.

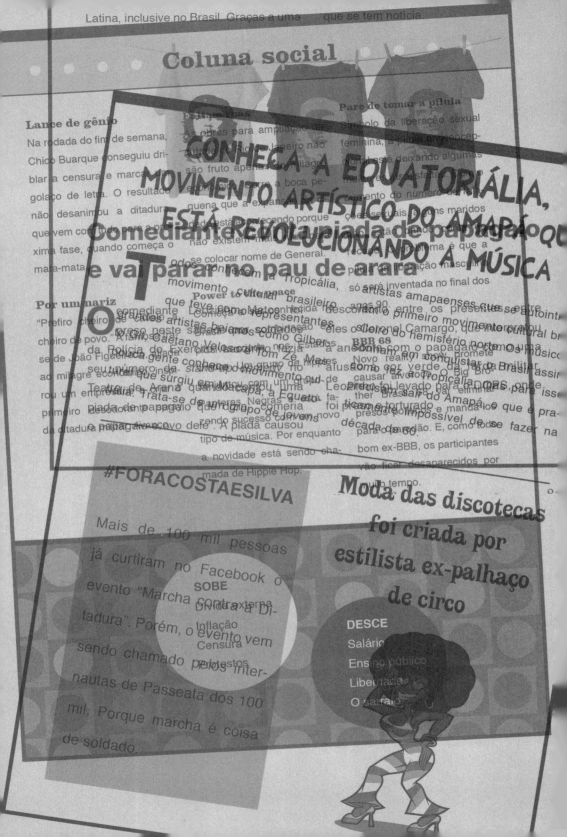

Coluna social

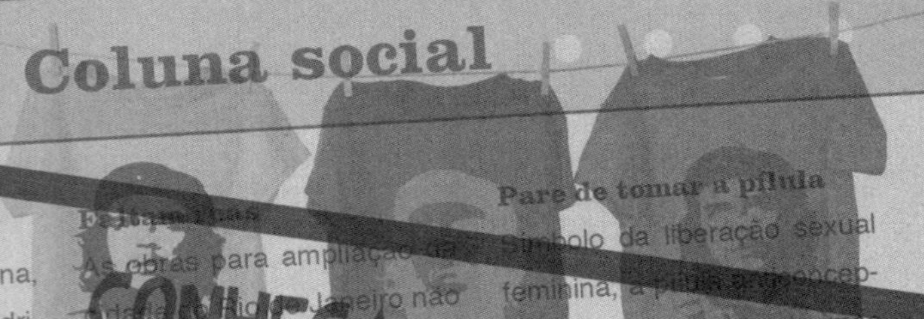

Lance de gênio

Na rodada do fim de semana, Chico Buarque conseguiu driblar a censura e marcar um golaço de letra. O resultado não desanimou a ditadura, que vem com tudo para a próxima fase, quando começa o mata-mata.

Por um nariz

"Prefiro cheiro de cavalo a cheiro de povo." A fala, de João Figueiredo... ao milagre econômico... rou um empresário... primeiro desodorante... da ditadura militar.

Faltam vagas

As obras para ampliação da cidade do Rio de Janeiro não são fruto apenas do milagre econômico. Corre a boca pequena que a expansão da cidade está acontecendo porque não existem mais ruas para se colocar nome de General.

Power to the peace

Começa a ... Brasil ... Estados ... hippies ... Negras ... tipo de música. Por enquanto a novidade está sendo chamada de Hippie Hop.

Pare de tomar a pílula

Símbolo da liberação sexual feminina, a pílula anticoncepcional está deixando algumas mulheres insatisfeitas. Com o aumento do número de relações sexuais, alguns maridos estão ... O problema é que a pílula da ... masculina só será inventada no final dos anos 90.

BBB 68

Novo reality show promete ... Big Brother Brasil ... presos políticos ... E, como todo bom ex-BBB, os participantes vão ficar desaparecidos por muito tempo.

Comediante conta piada de papagaio e vai parar no pau de arara

O comediante ... foi preso neste sábado por soldados da Polícia do Exército ... seu número de stand-up comedy no Teatro de Arena quando contou uma piada de papagaio ... o papagaio ... novo dele". A piada causou ...

Conheça a Equatoriália, movimento artístico do Amapá que está revolucionando a música

Todos conhecem a Tropicália, movimento cultural brasileiro que teve como representantes grandes artistas baianos como Gilberto Gil, Caetano Veloso e Tom Zé. Mas pouca gente conhece o movimento cultural que surgiu em Macapá, a Equatoriália. Trata-se de um grupo de jovens artistas amapaenses que ... o primeiro movimento cultural do hemisfério norte ... sonham em conquistar o Brasil assim como fez a Tropicália. Os músicos precisam sair do Amapá, o que é praticamente impossível de se fazer na década de 60.

#FORACOSTAESILVA

Mais de 100 mil pessoas já curtiram no Facebook o evento "Marcha contra a Ditadura". Porém, o evento vem sendo chamado pelos internautas de Passeata dos 100 mil. Porque marcha é coisa de soldado.

SOBE

Dívida externa
Inflação
Censura
Protestos

Moda das discotecas foi criada por estilista ex-palhaço de circo

DESCE

Salário
Ensino público
Liberdade
O sarau

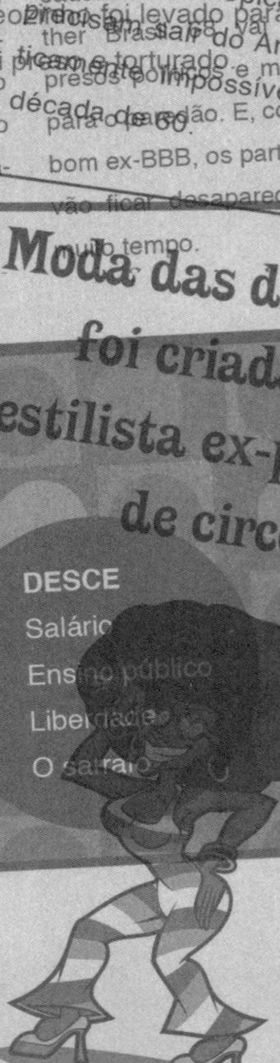

Escândalo em festa de aniversário no Ministério da Aeronáutica: SOLDADO QUE SE RECUSOU A COMER BRIGADEIRO ESTÁ DESAPARECIDO

Tudo corria bem na tarde de sexta-feira no prédio do Ministério da Aeronáutica. Um grupo de servidores comemorava na repartição o aniversário de um colega. A festa ia tranquila até que uma ligação vinda do andar de cima acabou com a paz do evento. O Brigadeiro Álvaro Jacinto Rolla, transferido recentemente de Porto Alegre para a capital federal, exigiu a presença do soldado Antônio dos Santos, o Tonhão, em seu gabinete. De acordo com testemunhas, o soldado Tonhão teria se recusado a subir até o gabinete do Brigadeiro. Poucos minutos após a recusa o soldado desapareceu misteriosamente, e até agora não foi encontrado. O Ministério da Aeronáutica não quis comentar o caso.

MODA

VERDE-OLIVA SERÁ TENDÊNCIA PELOS PRÓXIMOS 20 ANOS

Os eventos ocorridos na primavera-verão de 1964 mostraram que o verde-oliva veio para ficar. A cor será tendência pelos próximos vinte anos pelo menos. Cinza-chumbo e vermelho-sangue também farão sucesso nos anos vindouros. Uniformes e cabelos bem cortados ditarão os padrões pelas próximas décadas, e ai de quem ousar sair dessa estética. A ditadura da moda é implacável.

EXILADO NO ACRE, ARTISTA SONHA EM VOLTAR PARA O BRASIL

Após o golpe militar de 1964, vários artistas da Música Popular Brasileira foram acusados de subversão pelo Regime. Muitos deles tiveram que se exilar fora do país para escapar da truculência dos militares. Era isso ou a prisão. Não foi diferente com o cantor Toninho Graúna.

Toninho cantava em uma churrascaria no bairro de São Cristóvão, Rio de Janeiro. Um dia, em uma tarde como outra qualquer, Toninho Graúna executava seu repertório entre linguiças, cupins e picanhas e resolveu atender ao pedido de um cliente que já havia bebido um pouco além da conta. O cliente gritou de sua mesa: "toca Raul", e Graúna resolveu atender ao pedido cantando a música "Ouro de tolo", do baiano Raul Seixas. Para azar de Toninho, e do cliente, dois agentes do DOPS estavam no restaurante almoçando e imediatamente deram ordem de prisão para Toninho Graúna, que conseguiu escapar pelos fundos da churrascaria. Sem grana para se exilar em Londres, Paris ou Roma (como era moda entre os músicos mais famosos), Toninho juntou os poucos cruzeiros que tinha e comprou uma passagem de ônibus para Rio Branco, no Acre. Hoje Toninho Graúna vive feliz no Acre, onde anima casamentos e batizados, mas anseia com a anistia aos perseguidos políticos e sonha com a possibilidade de um dia poder voltar ao Brasil.

AI-5: ~~DITADURA~~ GOVERNO EMITE DECRETOS ~~QUE ACABAM COM LIBERDADE NO~~ PARA LIBERTAR O BRASIL

O ~~regime militar~~ governo acaba de lançar o Ato Institucional Nº 5, uma série de decretos que concede poderes extraordinários ao Presidente da República e suspende várias garantias constitucionais. Desde ~~o golpe de 1964~~ a gloriosa revolução de 1964, é a medida ~~mais dura~~ mais eficaz tomada ~~pela ditadura~~ pelo governo para ~~cercear a liberdade~~ garantir a soberania nacional e a liberdade do povo brasileiro.

MARKETING DE GUERRILHA FAZ CHE GUEVARA VENDER MAIS CAMISETAS DO QUE O ESPERADO

Ernesto Rafael Guevara de la Serna, ou simplesmente Che, se revelou como um dos maiores empreendedores da década. Apesar de argentino, Guevara é muito popular em toda a América Latina, inclusive no Brasil. Graças a uma ação de guerrilha que começou com sucesso na Sierra Maestra, em Cuba, e se alastrou por todo o continente americano, Che Guevara se tornou um dos maiores vendedores de camisetas de que se tem notícia.

Comediante conta piada de papagaio e vai parar no pau de arara

O comediante Leozinho Matos foi preso neste sábado por soldados da Polícia do Exército. Leozinho fazia seu número de *stand-up comedy* no Teatro de Arena quando contou uma piada de papagaio que dizia: "comeria o papagaio e ovo dele". A piada causou desconforto entre os presentes, entre eles o Coronel Camargo, que interpretou a anedota com o papagaio como uma alusão à cor verde da farda militar. Leozinho foi levado para o DOPS, onde foi preso e torturado.

Denúncia de tortura desumana coloca regime militar na mira da ONU

Já é comum vermos nos jornais que presos políticos sofreram tortura nos porões de quartéis espalhados pelo Brasil. Choque nas partes íntimas, unhas arrancadas com alicate, afogamentos, pau de arara, tudo isso já faz parte da rotina de torturas empregadas pelo regime militar. Mas uma denúncia chocou a sociedade e teve até repercussão internacional. Um grupo de presos acusou os militares de os obrigarem a ficar escutando "sertanejo universitário" em *looping* durante dias seguidos. Com o intuito de arrancar confissões à força, esse novo tipo de tortura já teria feito gente confessar que matou John Kennedy e a revelar o terceiro segredo de Fátima e a fórmula da Coca-Cola. Uma missão da ONU está vindo ao Brasil para averiguar as denúncias.

CLASSIFICADOS

Erótico

Masoquista procura torturador com experiência nos porões da ditadura. Sou discreto e mantenho sigilo. Venha me mostrar o seu pau de arara.

Emprego

General procura empregada doméstica especialista em faxina, mas que deixe a sujeira escondida debaixo do tapete.

Desaparecidos

Excepcionalmente não estamos divulgando a seção de desaparecidos nos classificados, pois ela estava ocupando um espaço cada vez maior em nossas edições.

Pesquisa revela que nenhuma criança foi gerada enquanto a novela *Selva de pedra* esteve no ar

CLAUDIA OHANA ESTRELA O MUSICAL *HAIR*

CONHEÇA A EQUATORIÁLIA, MOVIMENTO ARTÍSTICO DO AMAPÁ QUE ESTÁ REVOLUCIONANDO A MÚSICA

Todos conhecem a Tropicália, movimento cultural brasileiro que teve como representantes grandes artistas baianos como Gilberto Gil, Caetano Veloso e Tom Zé. Mas pouca gente conhece o movimento cultural que surgiu em Macapá, a Equatoriália. Trata-se de um grupo de jovens artistas amapaenses que se autointitulam o primeiro movimento cultural brasileiro do hemisfério norte. Os músicos sonham em conquistar o Brasil assim como fez a Tropicália, mas para isso precisam sair do Amapá, o que é praticamente impossível de se fazer na década de 60.

#FORACOSTAESILVA

Mais de 100 mil pessoas já curtiram no Facebook o evento "Marcha contra a Ditadura". Porém, o evento vem sendo chamado pelos internautas de Passeata dos 100 mil. Porque marcha é coisa de soldado.

Moda das discotecas foi criada por estilista ex-palhaço de circo

Coluna social

Lance de gênio

Na rodada do fim de semana, Chico Buarque conseguiu driblar a censura e marcar um golaço de letra. O resultado não desanimou a ditadura, que vem com tudo para a próxima fase, quando começa o mata-mata.

Por um nariz

"Prefiro cheiro de cavalo a cheiro de povo." A famosa frase de João Figueiredo, aliada ao milagre econômico, inspirou um empresário a criar o primeiro desodorante spray da ditadura militar: Avanço.

Faltam ruas

As obras para ampliação da cidade do Rio de Janeiro não são fruto apenas do milagre econômico. Corre a boca pequena que a expansão da cidade está acontecendo porque não existem mais ruas para se colocar nome de General.

Power to the peace

Começa a ser conhecida no Brasil uma combinação explosiva criada nos Estados Unidos. Um grupo de hippies se juntou com um grupo de Panteras Negras e está fazendo sucesso com um novo tipo de música. Por enquanto a novidade está sendo chamada de Hippie Hop.

Pare de tomar a pílula

Símbolo da liberação sexual feminina, a pílula anticoncepcional está deixando algumas mulheres insatisfeitas. Com o aumento do número de relações sexuais, alguns maridos não estão dando conta do recado. O problema é que a pílula da liberação masculina só será inventada no final dos anos 90.

BBB 68

Novo reality show promete causar alvoroço. O Big Brother Brasil 68 vai eliminar presos políticos e mandá-los para o paredão. E, como todo bom ex-BBB, os participantes vão ficar desaparecidos por muito tempo.

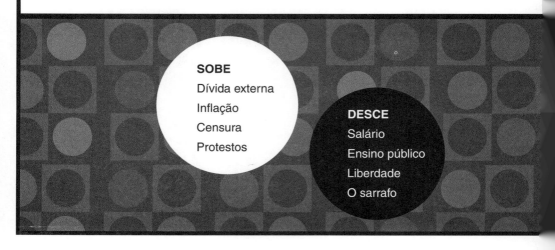

SOBE

Dívida externa
Inflação
Censura
Protestos

DESCE

Salário
Ensino público
Liberdade
O sarrafo

A ABERTURA E OS PLANOS ECONÔMICOS

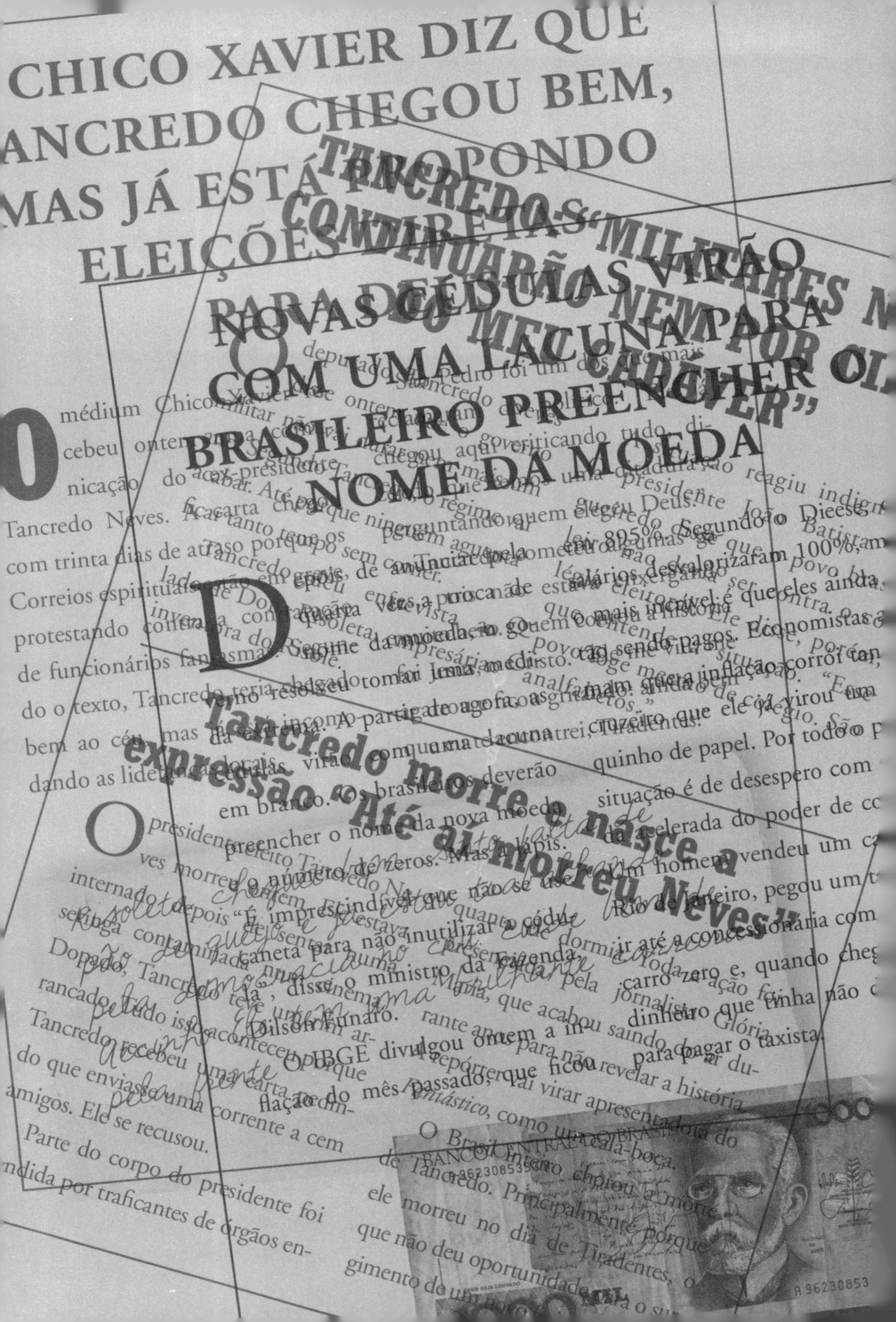

CHICO XAVIER DIZ QUE TANCREDO CHEGOU BEM, MAS JÁ ESTÁ PROPONDO ELEIÇÕES DIRETAS
TANCREDO: "MILITARES CONTINUARÃO NEM POR CI... PARA DEPOIS DO MEU CADÁVER"
NOVAS CÉDULAS VIRÃO COM UMA LACUNA PARA BRASILEIRO PREENCHER O NOME DA MOEDA
Tancredo morre e nasce a expressão "Até aí morreu Neves"
O médium Chico Xavier recebeu ontem a comunicação do ex-presidente Tancredo Neves.
Depois de anunciar a troca de moeda, o governo resolveu tomar uma medida extrema. A partir de agora, as cédulas virão com uma lacuna em branco. Os brasileiros deverão preencher o nome da nova moeda e o número de zeros.
O presidente Tancredo Neves morreu
BANCO CENTRAL DO BRASIL
A 96230853

CORRUPÇÃO: PREFEITO BIÔNICO É O HOMEM DE SEIS MILHÕES DE DÓLARES

A população de Quixeramobim do Sul se surpreendeu ontem ao encontrar seis milhões de dólares sob o colchão do prefeito Afanásio Robalo (PPPPP). Afanásio só foi descoberto porque foi consultar um ortopedista. O prefeito queixava-se de dores nas costas.

Esse é o terceiro mandato de Afanásio à frente da prefeitura. Ele foi sempre eleito por indicação do governador. A polícia federal afirmou que não pode fazer nada sobre o caso, já que não dispõe de alpinistas para chegar ao cume do colchão do governador.

Filme ruim na *Sessão da Tarde* leva milhares de jovens às ruas pelas Diretas Já

Cerca de 1.127.343 (um milhão, cento e vinte e sete mil, trezentas e quarenta e três) pessoas, aproximadamente, estiveram ontem na Candelária pedindo Diretas Já. A estimativa de um milhão de participantes é dos manifestantes. Segundo a PM, o número não passou de "12 elementos desocupados".

Gritando palavras de ordem (ou de desordem, segundo o regime), os jovens começaram a cantar "Caminhando e cantando", rompendo uma década na qual cantaram "caminhando e cagando". O grande comício pelas Diretas Já, segundo analistas, traz uma nova marca. A marca do cassetete que comeu solto pelas ruas.

PRESOS POLÍTICOS VOLTAM AO BRASIL, MAS FOGEM DE NOVO DEPOIS DE OUVIR SIDNEY MAGAL E JANE & HERONDY

Mulheres de impotentes lançam movimento pelas ereções diretas

Centenas de mulheres de impotentes lotaram as ruas brasileiras ontem pedindo ereções diretas. Usando uma brocha de pintor nas mãos, o símbolo do movimento, elas defenderam a dita dura e enrijecida. Segundo essas mulheres, muitos homens fazem corpo mole.

Houve pancadaria, mas as mulheres não se intimidaram. Quando um PM gritou: "Eu vou sentar o pau", as mulheres deram gritinhos de felicidade.

A onda de protestos seguiu por todo o país. Maridos de gordas, em retaliação, lançaram o movimento Dietas Já, o que segundo eles ajuda a acabar com o desânimo dos companheiros.

TANCREDO: “MILITARES NÃO CONTINUARÃO NEM POR CIMA DO MEU CADÁVER”

O deputado Tancredo Neves disse ontem que o governo militar não vai durar nem mais um ano. Segundo Tancredo, o regime vai acabar. Até porque ninguém aguenta ficar tanto tempo sem comer.

Tancredo deu entrevista ao lado de Dona Risoleta, empresária inventora do Risole.

A situação reagiu indignada. O presidente João Batista Figueiredo disse que o povo brasileiro não devia ser contra o colégio eleitoral. Ele disse, porém, que entende a situação. “Esse povo foge mesmo de colégio. São analfabetos.”

Tancredo morre e nasce a expressão “Até aí morreu Neves”

O presidente eleito Tancredo Neves morreu ontem. Ele estava internado depois de sentar numa seringa contaminada num cinema. Dopado, Tancredo teve um rim arrancado. Tudo isso aconteceu porque Tancredo recebeu uma carta pedindo que enviasse uma corrente a cem amigos. Ele se recusou.

Parte do corpo do presidente foi vendida por traficantes de órgãos enquanto ele dormia. Toda a ação foi presenciada pela jornalista Glória Maria, que acabou saindo do ar durante anos para não revelar a história. A repórter vai virar apresentadora do *Fantástico*, como um cala-boca.

O Brasil inteiro chorou a morte de Tancredo. Principalmente porque ele morreu no dia de Tiradentes, o que não deu oportunidade para o surgimento de um novo feriado nacional.

CHICO XAVIER DIZ QUE TANCREDO CHEGOU BEM, MAS JÁ ESTÁ PROPONDO ELEIÇÕES DIRETAS PARA DEUS

O médium Chico Xavier recebeu ontem uma comunicação do ex-presidente Tancredo Neves. A carta chegou com trinta dias de atraso porque os Correios espirituais estão em greve, protestando contra a contratação de funcionários fantasmas. Segundo o texto, Tancredo teria chegado bem ao céu, mas já está incomodando as lideranças locais.

São Pedro foi um dos que mais reclamaram do político. "Ele já chegou aqui criticando tudo, dizendo que temos uma ditadura e perguntando quem elegeu Deus."

Tancredo cometeu algumas gafes, pois não estava enxergando muito bem. Quem contou a história foi Jesus, o Cristo. "Ele me viu, me agarrou e ficou gritando: ainda bem que eu te encontrei, Tiradentes!"

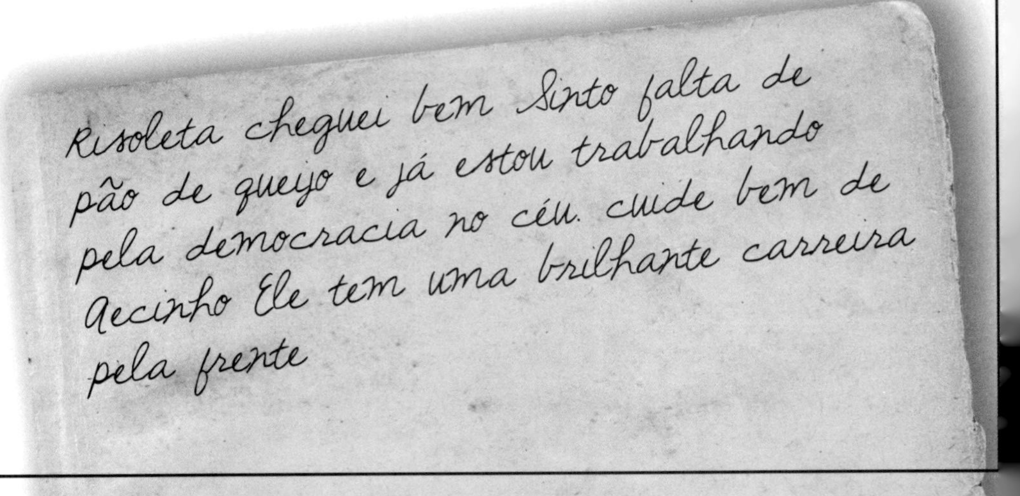
Risoleta cheguei bem Sinto falta de
pão de queijo e já estou trabalhando
pela democracia no céu. cuide bem de
Aecinho Ele tem uma brilhante carreira
pela frente

Democracia volta ao Brasil e é assaltada em Copacabana

Com quase trinta anos de atraso, Democracia chegou ao Brasil ontem e já foi assaltada em Copacabana. Cercada de fotógrafos depois de passar uma temporada exilada na Europa, Democracia desembarcou no aeroporto Santos Dumont com péssimo humor. "Fizeram muita coisa em meu nome, mas está na hora de acertar isso." Ninguém sabe ao certo quanto tempo ela ficará no país, já que Democracia é uma senhora muito frágil.

Ulysses Guimarães é visto em *Procurando Nemo*

Um grande tumulto aconteceu ontem durante a exibição do desenho animado *Procurando Nemo*. Crianças asseguraram que viram um senhor careca no filme, gritando "Diretas Já". Segundo um dos meninos, o homem aparece em todas as cenas da peixinha Dori, que, assustada, acaba esquecendo o que acabou de falar.

Outros cinéfilos garantem também que já viram Ulysses em cenas de *Titanic*.

Sarney decreta o congelamento, poder de compra encolhe e pênis dos brasileiros também

O presidente José Sarney assumiu o cargo ontem e já garantiu a entrada para o livro dos recordes. Sarney foi o presidente que conseguiu acabar com o desemprego num estado inteiro em menos tempo. Agora, todo o Maranhão já está empregado.

O presidente também já anunciou suas primeiras medidas: 1,75 de altura e 89 centímetros de bigode. Sarney decretou o congelamento de preços e salários. Com o congelamento, o poder de compra do brasileiro encolheu e o pênis também.

Pecuaristas começaram a esconder o gado para não ter que vendê-lo aos preços estipulados pelo governo. Parte da população aprovou a iniciativa dos criadores. "Me disseram que estão levando as vacas para a Argentina. Eu já falei: pode passar lá em casa e levar minha sogra na boa", disse um trabalhador.

NOVAS CÉDULAS VIRÃO COM UMA LACUNA PARA BRASILEIRO PREENCHER O NOME DA MOEDA

Depois de anunciar pela quarta vez a troca de nome da moeda, o governo resolveu tomar uma medida extrema. A partir de agora, as cédulas virão com uma lacuna em branco. Os brasileiros deverão preencher o nome da nova moeda e o número de zeros. Mas a lápis. "É imprescindível que não se use caneta para não inutilizar a cédula", disse o ministro da Fazenda, Dilson Funaro.

O IBGE divulgou ontem a inflação do mês passado, que ficou em 895%. Segundo o Dieese, os salários desvalorizaram 100%, mas o mais incrível é que eles ainda estão sendo pagos. Economistas afirmam que a inflação corrói tanto o cruzeiro que ele já virou um barquinho de papel. Por todo o país, a situação é de desespero com a perda acelerada do poder de compra. Um homem vendeu um carro no Rio de Janeiro, pegou um táxi para ir até a concessionária comprar um carro zero e, quando chegou lá, o dinheiro que tinha não dava nem para pagar o taxista.

COLLOR NÃO VENCE NO PRIMEIRO TURNO POR UM DEDINHO E VAI ENFRENTAR LULA

O candidato a presidente Fernando Collor de Mello cometeu ontem uma indelicadeza ao falar sobre seu adversário Luiz Inácio Lula da Silva, o Luiz Inácio. Collor disse que Lula "já devia ter aprendido a não meter o dedo onde não é chamado". O petista reagiu no mesmo tom: "E Collor não deve meter o nariz onde não é chamado", disse Lula, que ontem divulgou o seu plano de governo com 51 boas ideias para o Brasil.

Collor atacou também o presidente José Sarney. Segundo o senador alagoano, o Brasil cheira mal. "Vou colocar tudo em branco", disse Collor.

Os ânimos se acirraram desde que a disputa foi para o segundo turno. Collor não perdeu a oportunidade de tripudiar sobre o adversário. "Faltou só um dedinho, mas no segundo turno a gente leva."

COLLOR CONFISCA A POUPANÇA MAS NÃO TEM ONDE GUARDAR A DA GRETCHEN

O presidente Fernando Collor de Mello decretou ontem o confisco da poupança de todos os brasileiros e, agora, enfrenta um problema: não há lugar para guardar a da Gretchen. Técnicos do Ministério da Fazenda tentaram, em vão, encontrar um depósito para a poupança da cantora.

No fim da noite de ontem, emissários do governo brasileiro negociavam com Tio Patinhas para que a poupança de Gretchen ficasse guardada em seu cofre-forte.

Outra opção é declarar a independência da bunda de Gretchen, transformando-a num país, que ficaria livre do confisco. Um técnico da Fazenda disse que essa é a tendência no governo: "Extensão territorial ela já tem."

DRAGÃO DA INFLAÇÃO VAI EMBORA COM MEDO DO DRAGÃO ZÉLIA

Depois de assombrar o Brasil durante anos, o dragão da inflação foi embora logo assim que Zélia Cardoso de Melo assumiu a economia. Pouco antes de sair, o dragão confessou que estava com medo. "Contra um dragão como esse não tem jeito", disse a criatura.

Zélia anunciou o confisco da poupança. Segundo amigos de escola, a medida foi uma vingança. Durante toda a adolescência ela sofreu com o fato de ter nádegas pouco avantajadas. "Ela ficou com fixação na poupança dos outros. O apelido dela era bunda triste, porque a bundinha dela ficava o tempo todo olhando pra baixo", disse um amigo, que pediu para não se identificar.

CONFUNDIDO COM CARA-PINTADA, ÍNDIO APANHA DA POLÍCIA NO CENTRO DO RIO

O Cacique Juruna levou uma surra ontem no Centro do Rio de Janeiro depois de ser confundido com caras-pintadas que protestavam contra o governo Collor. A onda de protestos está ganhando as ruas da cidade, incentivada principalmente pelos jovens, já que a internet ainda não foi inventada e eles não têm mesmo muito o que fazer.

No Congresso, políticos reclamam dos protestos. Maluf disse que é contra os caras-pintadas mas a favor dos caras de pau. O presidente Collor reagiu irritado. Ele disse que não tem medo e que tem aquilo roxo.

OPOSIÇÃO: "PC roubou isso tudo mesmo sendo um PC. Imagina se fosse um Mac..."

LULA DIZ QUE É CONTRA O IMPEACHMENT DE COLLOR PORQUE NÃO CONSEGUE PRONUNCIAR ESSA PALAVRA

O candidato derrotado à presidência disse hoje que não vai pedir o impeachment de Collor simplesmente porque não conseguiria falar essa palavra. Lula, que gosta de usar metáforas futebolísticas, afirmou que seria melhor usar "impedimento" para que o povo pudesse entender. "Fica mais fácil para o povo falar logo impedimento do que impi, impichi, impichimen, ah, isso aí que você sabe o que é."

Analistas políticos, porém, disseram que a proposta de Lula é inviável. "Muita gente não sabe até hoje a regra do impedimento. Não ia adiantar nada", afirmou um deles.

Cascatas da Casa da Dinda só não são maiores do que as de Collor

CONGRESSO APROVA IMPEACHMENT: COLLOR SAI DA CASA DA DINDA E VAI PARA A CASA DO CARALHO

O ex-presidente Fernando Collor é o primeiro da história do Brasil a sofrer um impeachment. O Congresso aprovou ontem o impedimento de Collor e o tira-teima da TV confirmou que ele estava mesmo impedido, embora Arnaldo Cezar Coelho e Galvão Bueno não tenham chegado a um acordo.

Collor deixou a Casa da Dinda e seu novo endereço é a Casa da Mãe Joana. Brasileiros, porém, aguardam que ele vá para a Casa de Detenção. Cientistas políticos dizem que o episódio pode ser positivo para o país. "As pessoas vão pensar duas vezes antes de votar em alguém. No futuro, ninguém vai eleger uma pessoa sem pesquisar seu passado", disse o cientista político Clodoaldo Azevedo.

O presidente perdeu os direitos políticos. "Ele nunca mais vai conseguir se eleger a nada", afirmou Clodoaldo.

População de bandas do rock brasileiro já é maior que a da China

A proliferação de bandas do rock nacional vem preocupando o Instituto Brasileiro de Geografia e Estatística. As últimas pesquisas mostram que o número de integrantes desses grupos já ultrapassou a população chinesa.

Um outro fenômeno vem ocorrendo: todas as noites, crianças pequenas são barradas na porta de casas de espetáculo em que se apresentam as bandas de rock nacional. Os pais, confusos, pensam que os grupos são infantis, por causa dos nomes com que são batizados: Kid Abelha e os Abóboras Selvagens, João Penca e seus Miquinhos Amestrados e Paralamas do Sucesso, entre outros.

ITAMAR ASSUME E PROMETE UMA CASA DO PÃO DE QUEIJO EM CADA MUNICÍPIO

Segundo vice-presidente a assumir em sequência, o senador Itamar Franco prometeu ontem uma Casa do Pão de Queijo em cada município brasileiro. As franquias já começarão a ser instaladas na próxima semana.

Itamar subiu ontem a rampa para tomar posse em meio a uma tempestade, mas ninguém se molhou: as pessoas se protegeram embaixo de seu topete.

O novo presidente disse que vai dar grande atenção à questão ambiental. "Nenhum país hoje avançará sem se preocupar com o meio ambiente." Para provar que a questão é primordial, Itamar posou para fotos ao lado de uma perereca.

Para controlar o IPCA e o INPC, vem aí a URV e brasileiro desconfia que VTNC

Acostumados a conviver com dezenas de siglas, os brasileiros foram apresentados ontem a mais uma, a URV (Unidade Real de Valor). A URV será substituída no futuro pelo real, a nova moeda do país. Monarquistas entraram na Justiça afirmando que o governo não pode usar a palavra "real" na moeda. "Nenhuma moeda no Brasil pode ser chamada de real", disse o representante da família real, Joaquim José da Silva Xavier Silvério dos Santos Ribeiro de Orleans e Santana de Oliveira Bragança. Eles querem receber royalties pelo nome da moeda.

No governo, já começam a surgir discussões sobre a paternidade do real. Itamar Franco garante que ele criou, mas um exame de DNA provou que o real é filho de Fernando Henrique Cardoso com uma jornalista.

Perfil

FERNANDO HENRIQUE CARDOSO, *o novo presidente*

O presidente Fernando Henrique Cardoso ficou famoso depois de integrar o grupo de humor Casseta & Planeta, ao lado de Bussunda. Antes de chegar ao grande público, porém, teve grande destaque na academia. Fazia supino com 45 quilos de cada lado sem esforço.

Fernando Henrique nasceu no Rio de Janeiro, mas acabou sendo exilado para um lugar sombrio, São Paulo. Lá ele se casou com Ruth, a gêmea boazinha da novela *Mulheres de areia*. Ele é cofundador do PSDB, um partido que tem uma posição radical: não é da esquerda, nem da direita, muito pelo contrário.

FHC, como ficou conhecido para caber nas manchetes, entrou para a história como o presidente que criou o real. Pela primeira vez, o brasileiro tinha uma moeda forte. Com o real, podíamos comprar qualquer coisa. Até mesmo deputados para aprovar a privatização de empresas.

Sua campanha pela reeleição teve como símbolo uma mão espalmada, mostrando cinco dedos, o que significava mais cinco anos de mandato e também uma provocação a seu adversário, Lula, que só tinha quatro.

Hoje, FHC defende o THC, a maconha. Fernando Henrique participa de passeatas pela liberação da maconha em todo o país, onde grita palavras de ordem, pede paz e amor, canta músicas de Raul Seixas e gargalha, gargalha muito. Depois, sente a maior larica.

A Era Lula (e a chegada de Dilma)

[Mad]onna encontra Jesus e vira cantora Gospel

Milagre? A vinda de Madonna ao Brasil mudou a vida da popstar. Depois de conhecer o jovem modelo Jesus Pinto da ..., a cantora passa a maior parte do seu tempo de joelhos. Se ela reza, ninguém sabe, mas sua devoção a Jesus já chamou a atenção de líderes evangélicos brasileiros, ... querem produzir o primeiro ... papel da loura. No clipe, para ... da de Nossa Senhora, ela ... a por dez homens ... res.

COMEÇA O REALITY SHOW BIG BROTHER PARTIDO DOS TRABALHADORES. DOS 12 INTEGRANTES DO INÍCIO DO PRIMEIR[O] MANDATO, SÓ PODE RESTAR UM

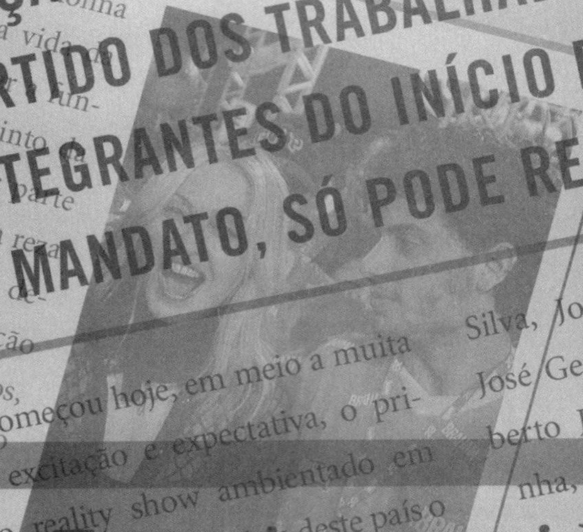

Começou hoje, em meio a muita excitação e expectativa, o primeiro reality show ambientado em Brasília. Nunca na história deste país o Palácio do Planalto e a Esplanada dos Ministérios foram palco de uma gincana como essa. Todos a bordo dessa nave louca chamada Governo Lula.

... Silva, José Dirceu, Luiz Gu... José Genoíno, Antonio Palo... berto Jefferson, Marina Sil... nha, Erenice Guerra, Be... Silva e Dilma Rou... tes, só poderá ... Ao senador ... não foi perm... par, pois ele ... que o im... eliminad... José No... foi de ...

Fome Zero tira comida da mesa dos ricos, mas empregada distraída deixa cair tudo

Um dos lançamentos mais importantes do Governo Lula, o programa Fome Zero, sofreu um duro golpe na semana passada — um golpe que talvez destrua suas chances de sucesso. "O programa que retira comida da mesa dos ricos para levar aos pobres foi sabotado pela empregada distraída", disse Marcos Campos Forte, diretor do programa. "Ela foi tirar os restos da mesa de uma família de classe média e tropeçou e derrubou tudo. Era a única doação que o Fome Zero tinha programado para este ano...", co...

O *Sensacionalista* conversou com o caseiro que trabalha perto da casa do BBPT. "Eles são muito bonzinhos, teve até um baile... Ela ... minha ... depositou um dinheiro na minha conta. Acho que é para comprar", disse o caseiro Franc... Entraram na casa bastante animados, o líder Luiz Inácio Lula da ...

... um de seus ... trar na casa ... comida de ... A produção ... Gamecorp ... Mendonça.

Elite explode nos cinemas: farão filmes espíritas

Onda do cinema nacional ...

Discurso de posse de Lula é traduzido para 120 idiomas, incluindo o português

O burburinho em torno da posse do presidente Luiz Inácio Lula da Silva trouxe a Brasília centenas de jornalistas de mais de 140 países. O discurso de posse, em que Lula leu uma carta de compromisso com o povo brasileiro, foi o ponto alto da posse. Lula falou durante cinquenta minutos e agradeceu o apoio dos eleitores. "Se você é o atacante e nunca fez um gol por aquele time, e na primeira partida puxa a bola para bater um pênalti, é normal que as pessoas levem a mão à cabeça, mas ele pode bater e fazer o gol", disse Lula. O discurso foi traduzido para 120 idiomas, inclusive o português. Esta última frase, por exemplo, foi traduzida da seguinte forma: "Apesar de não ter experiência num cargo executivo, tenho condições de fazer um bom trabalho."

Fernando Henrique se esquece de renovar patente do Plano Real e perde o direito de usar sua imagem

O ex-presidente Fernando Henrique Cardoso vive um drama. FHC se esqueceu de renovar a patente do Plano Real, implantado no Brasil por ele durante o governo do ex-presidente Itamar Franco. O tucano marcou o dia errado em sua agenda e, quando deu por si, a patente do plano econômico havia expirado. O direito de usar o Plano Real para fins políticos ficou, portanto, sem dono. "Tenho certeza de que o Lula vai aproveitar que o brasileiro tem memória curta e vai dizer que o Plano Real e o fim da inflação são conquistas do governo dele", teria dito FHC a amigos. Lula, por sua vez, manifestou-se através de um assessor: "O Plano Real é do povo brasileiro. Como o povo votou no PT em sua maioria, o Plano Real é do PT." Um fato que pouca gente conhece é que Fernando Henrique também era dono dos direitos de uso de imagem da estrela do PT, que ele ajudou a criar nos anos 80.

COMEÇA O REALITY SHOW BIG BROTHER PARTIDO DOS TRABALHADORES. DOS 12 INTEGRANTES DO INÍCIO DO PRIMEIRO MANDATO, SÓ PODE RESTAR UM

Começou hoje, em meio a muita excitação e expectativa, o primeiro reality show ambientado em Brasília. Nunca na história deste país o Palácio do Planalto e a Esplanada dos Ministérios foram palco de uma gincana como essa. Todos a bordo dessa nave louca chamada Governo Lula.

O *Sensacionalista* conversou com o caseiro que trabalhará perto da casa do BBPT. "Eles são muito bonzinhos. Já teve até um barbudo que depositou um dinheiro na minha conta. Acho que é para comprar", disse o caseiro Francenildo.

Entraram na casa, bastante animados, o líder Luiz Inácio Lula da Silva, José Dirceu, Luiz Gushiken, José Genoíno, Antonio Palocci, Roberto Jefferson, Marina Silva, Lulinha, Erenice Guerra, Benedita da Silva e Dilma Rousseff. Destes, só poderá sobrar um. Ao senador José Sarney não foi permitido participar, pois ele tem liminares que o impedem de ser eliminado. O deputado José Nobre Guimarães já foi desclassificado porque um de seus assessores tentou entrar na casa com 100 mil dólares escondidos na cueca.

A produção do Big Brother PT é da Gamecorp e a direção, de Duda Mendonça.

MODA

Calça saruel reduz em 10% a taxa de natalidade mundial

Novo fenômeno das passarelas, a calça saruel está contribuindo para a redução da população mundial. Peça com o gancho muito baixo, parecendo mais uma fralda, a saruel acabou com o sex appeal de homens e mulheres modernos. Apesar de oficialmente criada pelo estilista franco-africano Kunta Mijon, há a suspeita de que a calça saruel tenha sido estimulada pelo núcleo malthusiano da Universidade de Massachusetts, que estuda os prejuízos do crescimento desordenado da população mundial. O mesmo grupo teria estimulado, nos anos 70, o uso de capangas entre os homens e, nos anos 80, as pochetes.

Peça com o gancho muito baixo, parecendo mais uma fralda, a saruel acabou com o sex appeal de homens e mulheres modernos.

ECONOMIA

Número de humoristas cresceu 3.000% durante Governo Lula

O mandato do presidente Lula mal terminou e uma categoria já faz campanha para que ele fique mais quatro anos no poder: os humoristas. Segundo o roteirista de humor e diretor da Associação Brasileira de Engraçadinhos (ABE), José Pedro Tuco, o mercado para humoristas cresceu 3.000%. "O Lula é um sonho. Mal dá para acreditar. No meio de tudo o que ele fala e faz já tem uma piada pronta embutida. É uma situação muito boa para os nossos associados. Ninguém precisa se esforçar para fazer as piadas e o mercado só cresce", disse Tuco. Por outro lado, o presidente da ABE demonstra certa preocupação quanto ao futuro da profissão. "O Lula está ficando cada vez melhor nessa coisa de comédia. Tenho medo das piadas saírem prontas e não precisar mais de humorista."

APÓS ATAQUES DO PCC, POLÍCIA DIZ QUE SÃO PAULO ESTÁ SOB CONTROLE. DOS BANDIDOS

Madonna encontra Jesus e vira cantora Gospel

Milagre? A vinda de Madonna ao Brasil mudou a vida da popstar. Depois de conhecer a fundo o jovem modelo Jesus Pinto da Luz, a cantora passa a maior parte de seu tempo de joelhos. Se ela reza ou não, ninguém sabe, mas sua devoção a Jesus já chamou a atenção dos líderes evangélicos brasileiros, que querem produzir o primeiro disco gospel da loura. No clipe para a TV, vestida de Nossa Senhora, ela será chutada por dez homens vestidos de pastores.

Tropa de Elite explode nos cinemas: mortos farão filmes espíritas, a próxima onda do cinema nacional

Estudo afirma que raiva e inveja são maiores quando as pessoas se conectam à internet

O crescimento dos usuários da rede mundial de computadores tem rendido alguns estudos de comportamento bastante interessantes: um deles revela que, ao acessar a internet, os seres humanos têm acionado um dispositivo cerebral que os deixa com mais raiva e inveja — especialmente quando estão no anonimato. Daí tantos comentários agressivos nos sites e blogs. De acordo com João Cardoso, coordenador da pesquisa, assim que se desconectam da rede, voltam a ser cidadãos pacatos e educados. "Além de frouxos, é claro", afirma.

Mensalão passa a figurar ao lado de Saci, Curupira e Mula sem Cabeça nos livros sobre folclore brasileiro

Os livros de folclore da rede pública de educação receberam mais uma atualização neste ano. Além do Saci e da Iara, a partir de agora as crianças poderão aprender que o Mensalão também é uma entidade fantástica que nunca aconteceu. "Isso é uma conquista do povo brasileiro", disse o presidente Lula. "Eu conheço gente que até já andou em cima de uma Mula sem Cabeça, mas nunca vi alguém que tenha visto o Mensalão." O Ministério da Pesca e a bandeira ética do PT também estarão nas próximas edições dos livros sobre folclore.

Homem compra Bolsa Família pirata em camelô do Centro do Rio

O autônomo José da Conceição comprou hoje, na Praça Tiradentes, Centro do Rio de Janeiro, uma Bolsa Família pirata. "Cheguei em casa e achei estranho, porque dizia que a Bolsa tinha sido feita no Paraguai", disse José. "O mais estranho é que eu não tenho filhos na escola. Para falar a verdade, eu não tenho filho nenhum." Apesar de falsificada, a Bolsa Família comprada por José pode ser usada para colocar dinheiro do governo. "O moço do camelô me disse que vende muito para políticos, que compram umas cem e distribuem para os parentes. Achei que era legal", completou.

Dois terços dos brasileiros preferem seus celulares aos filhos

A telefonia móvel tomou conta do Brasil. Dos patrões aos empregados, todos estão comprando celulares, com os quais criam uma dependência antes vista apenas com drogas pesadas. Institutos de pesquisa têm detectado comportamento estranho em muitos brasileiros: alguns dormem com seus celulares, outros não vão ao banheiro sem eles. A maior revelação foi a de que dois terços dos brasileiros preferem os celulares aos seus próprios filhos. Mas nem tudo são flores: de acordo com o estudo, o Brasil já tem dois celulares para cada brasileiro — mas nenhum funciona direito.

Estudantes vão a desfiles de moda para aprender sobre o esqueleto humano

Além de museus e jardins zoológicos, um novo tipo de excursão escolar está fazendo sucesso nas grandes capitais brasileiras: os professores de ciências estão levando seus alunos a desfiles de moda para que eles aprendam sobre o esqueleto humano. A magreza das modelos tem sido perfeita para o aprendizado das crianças, alegam os professores. Depois de verem as moças na passarela, os estudantes são convidados para ir aos camarins para reconhecer os ossos menores, que não são visíveis a distância. Nesse momento, as crianças podem compartilhar do lanche das modelos: água e alface.

Greenpeace adverte: o politicamente correto pode fazer o humor entrar em extinção

Fome Zero tira comida da mesa dos ricos, mas empregada distraída deixa cair tudo

Um dos lançamentos mais importantes do Governo Lula, o programa Fome Zero, sofreu um duro golpe na semana passada — um golpe que talvez destrua suas chances de sucesso. "O programa que retira comida da mesa dos ricos para levar aos pobres foi sabotado por uma empregada distraída", disse Marcos Campos Forte, diretor do programa. "Ela foi tirar os restos de comida da mesa de uma família de classe A, mas tropeçou e derrubou tudo. Era a única doação que o Fome Zero tinha programado para este ano...", completou Campos Forte.

Sucessão de Lula: Serra diz que Dilma usa topete só para humilhá-lo

Depois do episódio da perigosa bolinha de papel, mais uma polêmica envolve o PT e os tucanos. O candidato à presidência e Rei da Simpatia José Serra está acusando a candidata adversária, Dilma Rousseff, de humilhá-lo com seu topete nos debates da televisão. Serra alega que se trata de uma condição desigual e que pode prejudicar seu desempenho diante do eleitorado. Na semana passada, seu comitê recebeu a visita de uma revendedora das Perucas Lady, para que ele possa comparecer aos debates à altura. Serra está entre o louro liso e o ruivo encaracolado.

Ex-BBB esquecida implora a hackers para que roubem as fotos em que ela está nua

A onda de vazamento de fotografias de celebridades nuas na internet, como Scarlett Johansson e Carolina Dieckmann, está resultando numa nova forma de divulgação dos famosos. Depois de deixar o sutiã de biquíni cair no mar e declarar amor eterno a jogadores de futebol, a nova onda entre as subcelebridades é mandar aos hackers, por e-mail, fotos de celular em que aparecem peladas. A ex-BBB Julinha Bom-Bocado tem feito manifestos na porta da casa de hackers conhecidos para pedir que seja a próxima a ter as fotos vazadas. "Dá muita mídia", explica.

Dilma nega faxina: "Machismo. Só porque sou mulher?"

O discurso da presidenta Dilma Rousseff contra a corrupção dentro do governo vem sendo chamado de faxina pela mídia. Mas ela não gostou nada disso. Tem dito a amigos que suas medidas foram batizadas assim de forma preconceituosa, por ela ser mulher. "Só falta agora dizerem que eu sou piloto de fogão quando estiver fritando algum ministro!"

Em transação bilionária, Eike Batista compra peruca de Donald Trump

Em um negócio que já está sendo citado por especialistas como o prenúncio da nova ordem econômica mundial, o bilionário brasileiro Eike Batista comprou a peruca de Donald Trump. "É a vitória definitiva dos emergentes", estampou o *New York Times* num editorial enfurecido.

Desde que entrou para a lista dos mais ricos do mundo, Eike passou também a figurar na relação dos mais bonitos, com várias mulheres à disposição. O bilionário brasileiro tem uma característica curiosa: batiza todas as suas empresas com a letra X, como OGX, MMX e EBX. Na semana que vem ele vai comprar briga com o McDonald's e entrar no ramo do fast-food com a X-Tudo.

PREÇO DE IMÓVEIS NO RIO SOBE TANTO QUE CAIXA ECONÔMICA VAI FINANCIAR VAGA EM MARQUISE

RIO+20: paciência com ecochatos corre risco de extinção

Além das baleias e dos ursos panda, uma nova preocupação toma conta do planeta nestes dias em que o Rio de Janeiro abriga o evento internacional do meio ambiente: o fim da paciência dos seres humanos normais com os ambientalistas radicais e as criancinhas que perguntam por que os pais não desligam o chuveiro na hora de passar xampu no cabelo. De acordo com as estatísticas do DataSaco, durante os dez dias do evento, a paciência baixou a níveis alarmantes: 8,9%. Uma mãe carioca enfurecida acendeu as luzes da casa durante 240 horas seguidas e dois manifestantes verdes amadureceram à custa de muitos cascudos no Aterro do Flamengo. Espera-se que, com o fim do evento, as taxas se normalizem em 20% até a Rio + 40.

ECOLOGISTAS DENUNCIAM: NEYMAR USA UM ESQUILO MORTO NA CABEÇA

Maratona de engarrafamento no trânsito será modalidade olímpica na Rio 2016

O Comitê Olímpico Brasileiro anunciou uma nova modalidade esportiva para as olimpíadas do Rio de Janeiro: a maratona no engarrafamento. É a coroação da virada do Rio. Durante décadas nós estivemos atrás de São Paulo. Agora, até engarrafamento temos mais do que eles", disse o prefeito Eduardo Paes.

Mas o tempo parado no trânsito já está provocando efeitos colaterais indesejados. A família de Ayrton Senna pediu à prefeitura para retirar o nome do piloto de uma das principais avenidas da Barra. A via tem trânsito lentíssimo, e isso seria uma afronta ao corredor. A prefeitura ofereceu o nome a Rubens Barrichello, mas ele recusou.

Teletransporte pode ser inventado antes de aeroportos ficarem prontos para a Copa

Os problemas dos aeroportos brasileiros podem, em breve, ser coisa do passado. Do jeito que as obras estão emperradas, um grupo de cientistas de Oslo, na Noruega, pode passar a frente das autoridades brasileiras e apresentar o primeiro sistema de teletransporte da história. Com ele, aeroportos, aviões e qualquer outro meio de transporte ficarão obsoletos — pelo menos para quem pode pagar o preço de desaparecer num lugar para se materializar em outro ponto do planeta. Além de servir a viagens, os cientistas acreditam que o teletransporte será útil para fazer desaparecer crianças insuportáveis em restaurantes e pessoas que fazem barulho de pipoca nos cinemas.

Créditos das imagens

Página 13: Carta de Pero Vaz de Caminha PT/TT/GAV/8/2/8. Imagem cedida pelo ANTT
Página 14: Gabriel Boieras/SambaPhoto
Página 16: Acervo da Fundação Biblioteca Nacional – Brasil
Página 22: Domínio público
Página 23: Miro Nunes/Opção Brasil Imagens
Página 26: Barbara Peacock/Getty Images
Página 34: "Martírio de Tiradentes", óleo sobre tela, de Francisco Aurélio de Figueiredo e Melo, 1893, 57x45mm. Acervo: Museu Histórico Nacional/IBRAM/Ministério da Cultura
Página 37: Cortesia da Biblioteca John Carter Brown, Universidade Brown
Página 38: Gravura de Maria I, rainha de Portugal, Gaspar Fróis Machado. Biblioteca Nacional de Portugal
Páginas 42, 44 e 62: Hafaell
Página 47: Fabio Rossi/Agência O Globo
Página 49: MUSEU IMPERIAL/IBRAM/MINC
Páginas 50 e 51: Domínio público
Página 52: Alex Robinson/Getty Images
Página 58: Fundação Getulio Vargas – CPDOC
Página 61: Hulton Archive/Getty Images
Página 64: Rafael Andrade/Folhapress
Página 67: Acervo UH/Folhapress
Página 68: Getty Images
Página 69: Time & Life Pictures/Getty Images
Página 73: Ilustração da capa do livro *O Pequeno Príncipe para gente grande*, de Roberto Lima Netto, desenhada por Tulio Cerquise baseado em desenho central criado por Juliana Lima Netto
Páginas 81, 83, 92, 95, 99, 105, 109, 111: iStock
Página 106: Giorgio Ronna/Folhapress
Página 108: Juan Barreto/AFP
Página 115: Getty Images
Página 117: Fernando Frazão/Agência O Globo
Página 118: Bloomberg/Getty Images

Este livro foi impresso em papel off-set 90g/m²
na Markgraph.